자기계발코칭전문가
6단계 시스템

1단계
방탄자존감

2단계
방탄멘탈

3단계
방탄습관

4단계
방탄행복

5단계
방탄자기계발

6단계
방탄코칭

자기계발코칭전문가 2
(방탄멘탈)

1명의 명품 인재가 10만 명을 먹여 살리고
4차 산업 시대에는 명품 인재인
방탄자기계발 전문가 1명이
10만 명의 인생을 변화 시킨다!

방탄자기계발 신조

들어라 하지 말고 듣게 하자.
누구처럼 살지 말고 나답게 살자.
좋아하게 하지 말고 좋아지게 하자.
마음을 얻으려 하지 말고 마음을 열게 하자.
믿으라 말하지 말고 믿을 수 있는 사람이 되자.
좋은 사람을 기다리지 말고 좋은 사람이 되어주자.
보여주는(인기) 인생을 사는 것이 아닌 보여지는(인정)
인생을 살아가자.
나 이런 사람이야 말하지 않아도 이런 사람이구나.
몸, 머리, 마음으로 느끼게 하자.

－최보규 방탄자기계발 창시자 －

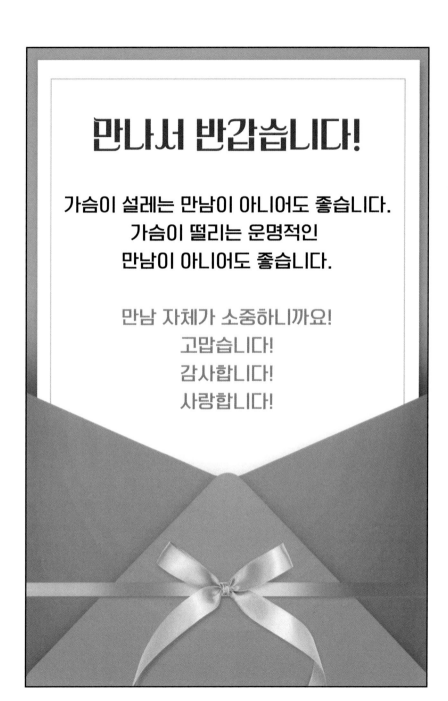

만나서 반갑습니다!

가슴이 설레는 만남이 아니어도 좋습니다.
가슴이 떨리는 운명적인
만남이 아니어도 좋습니다.

만남 자체가 소중하니까요!
고맙습니다!
감사합니다!
사랑합니다!

가슴이 설레는
만남이 아니어도 좋습니다.

가슴이 떨리는
운명적인 만남이 아니어도 좋습니다.

만남 자체가 소중하니까요.

직접 만나는 것도 만남이고
책을 통해서 만나는 것도 만남입니다.

최보규 방탄자기계발 전문가의 만남으로
"당신은 제가 좋은 사람이 되고 싶도록 만들어요."
라는 인생을 살 것입니다.

좋은 일이 생길 겁니다.

방탄자기계발 소개

방탄자기계발은 노오력 자기계발이 아닌 올바른 노력 자기계발을 하는 것입니다.

20,000명 상담, 코칭! 자기계발서 12권 출간! 자기계발 습관 204가지 만들고 직접 자기계발을 하면서 알게 된 자기계발의 비밀!

지금 대부분 사람들의 자기계발 환경이 어떤지 아십니까?

하루에도 자기계발, 동기부여 연관된 영상, 글, 책, 사진들 수도 없이 엄청나게 많이 보는데 10년 전보다 스마트폰 없는 시대보다 1,000배는 더 좋은 환경인데도 스마트폰 시대 10년 전보다 더 자기계발, 동기부여를 더 못하는 현실입니다.

10년 전 스마트폰 없던 시대보다 자기계발을 더 못하는 이유가 뭘까요?

단언컨대 자기계발 본질을 모르고 하기 때문입니다.

어떤 것이든 본질을 알아야만 노오력이 아니라 올바른 노력을 할 수 있습니다.

노력은 경험만 채우고 시간만 때우는 노력입니다.
지금 시대는 노력이 배신하는 시대입니다.

올바른 노력은 어제보다 0.1% 다르게, 변화, 마음, 성장 하는 것입니다.

인생의 본질
헬스, 운동 본질
직장, 일 본질
연애, 사랑 본질
인간관계 본질
자기계발 본질

인생의 모든 본질은 정답이 없지만 기본을 지키지 않으면 결과가 나오지 않습니다.

운동의 본질은 헬스, 운동의 기본기를 배우지 않는 사람이 좋은 헬스장으로 옮긴다고 헬스, 운동 습관이 만들어지는 것이 아닙니다.

직장의 본질은 월급 날짜만 기다리는 사람이 직장을 바꾼다고 일에 대한 의욕이 생기지 않습니다.

사랑의 본질은 평상시에 사랑 받을 행동을 안 하는 사

람은 사랑하는 사람이 생겨도 사랑 받을 수가 없습니다.

인간관계의 본질은 내가 좋은 사람이 되기 위해 학습, 연습, 훈련을 안 하는 사람은 좋은 사람이 생겨도 금방 떠나갑니다.

자기계발의 본질인 방탄자존감, 방탄멘탈, 방탄행복, 방탄습관, 방탄자기계발 모르는 사람은 자기계발 책 200권 자기계발과 연관된 영상, 글, 책, 사진 등 1,000개를 보더라도 자기계발을 시작을 못합니다.

방탄자기계발 본질 학습, 연습, 훈련을 통해 나다운 인생을 살 수 있게 방향을 잡아주고 자신 분야 삼성(진정성, 전문성, 신뢰성)을 높여 줄 것입니다. 더 나아가 자신 분야 제2의 수입, 제3의 수입을 올릴 수 있는 연결고리를 만들어 줄 것입니다.

기회를 기다리는 자기계발
기회를 만들어 가는 방탄자기계발
때를 기다리는 자기계발
때를 만들어 가는 방탄자기계발
- 최보규 방탄자기계발 전문가 -

목차

2장 방탄멘탈

명품자기계발 조건

명품 자기계발의 조건!

1. 단 하나 (only one)
   방탄자기계발 코칭은 오직 최보규 창시자만 가능하다.

2. 책임감 (150년 a/s, 관리, 피드백)

3. 체계적인 1:1 맞춤 시스템 (9단계 시스템)

4. 20,000명 상담, 코칭 (상담 전문가)

5. 삼성이 검증된 전문가(진정성, 전문성, 신뢰성)
   자기계발 책 12권 출간

Google 자기계발아마존	▶YouTube 방탄자기계발	NAVER 방탄자기계발사관학교	NAVER 최보규

20,000명 상담, 코칭으로 알게 된
나다운 인생길 네비게이션!

예측 운전

자신

방어 운전

방탄 자존감

방탄 멘탈

방탄 습관

방탄 행복

자신 분야를 자동차 4개의 바퀴로 비유하자면 방탄 자존감, 방탄멘탈, 방탄습관, 방탄행복이고 핸들은 (이루고 싶은 것) 방탄자기계발이다! 방탄자존감, 방탄멘탈, 방탄습관, 방탄행복을 통해 자신 분야 삼성(진정성, 전문성, 신뢰성)을 올려서 제2수입, 제3수입, 월세, 연금성 수입을 발생 시켜 온라인 건물주로 만들어 주는 것이 방탄자기계발이다.

방탄 자기계발

4차 산업 시대는 방탄자기계발이다!

16

꽃, 열매는(자신, 자신 분야) 화려하고 보기 좋았는데 뿌리가(자신, 자신 분야) 썩어 죽어가고 있다?

가장 중요한 뿌리(방탄자존감, 방탄멘탈, 방탄 습관, 방탄행복)를 학습, 연습, 훈련을 하지 않 으면 자신, 자신 분야 삼성(진정성, 전문성, 신 뢰성)을 올려 제2수입, 3수입을 만들어 주는 방 탄자기계발이라는 꽃, 열매는 얻을 수 없다!

방탄 자기계발

삼성이 검증된 방탄자기계발전문가

Google 자기계발아마존 | ▶YouTube 방탄자기계발 | NAVER 방탄자기계발사관학교 | NAVER 최보규

자신 분야
삼성(진정성, 전문성, 신뢰성)
제2, 3수입을 올려 온라인 건물주 되자!

80%는 교육으로 만들어진다? 300% 틀렸습니다!

세계 최초! 방탄자기계발
효율적인 교육 시스템!

1단계

교육
= 20%

2단계

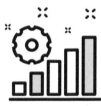

스스로
학습, 연습, 훈련
 = 30%

3단계

검증된 전문가
a/s,관리,피드백
  = 50%

150년
a/s,관리,피드백

20,000명 상담, 코칭을 하면서 알게 된 2:3:5공식!

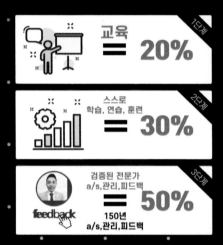

평균적으로 학습자들은 교육만 받으면 80% 효과를 보고 동기부여가 되어 행동으로 나올 것이라고 착각을 합니다.
그러다 보니 교육을 받는 동안 생각만큼, 돈을 지불한 만큼 자신의 기준에 미치지 못하면 효과를 보지 못한 거라고 지레짐작으로 스스로가 한계를 만들어 버립니다. 그래서 행동으로 옮기지 못하는 것이 상황과 교육자가 아닌 자기 자신이라는 것을 모릅니다.

20,000명 상담. 코칭, 자기계발서 12권 출간, 자기계발 습관 204가지 만듦, 시행착오, 대가 지불, 인고의 시간을 통해 가장 효율적이며 효과적인 교육 시스템은 2:3:5라는 것을 알게 되었습니다.

교육 듣는 것은 20% 밖에 되지 않습니다. 교육을 듣고 스스로가 생활 속에서 배웠던 것을 토대로 30% 학습, 연습, 훈련을 해야 합니다.
가장 중요한 50%는 학습, 연습, 훈련한 것을 검증된 전문가에게 꾸준히 a/s, 관리, 피드백을 받아야만 2:3:7공식 효과를 볼 수 있습니다.

자기계발코칭전문가
내공, 가치, 값어치

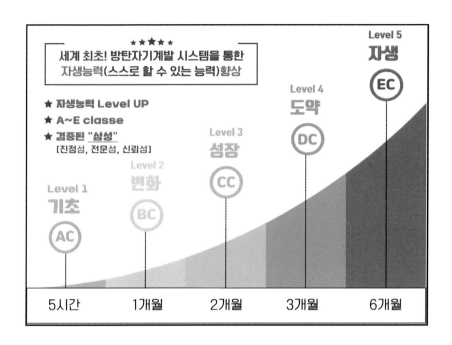

Level 5
자생
(EC)

Level 4
도약
(DC)

Level 3
성장
(CC)

Level 2
변화
(BC)

Level 1
기초
(AC)

★ ★ ★ ★ ★
세계 최초! 방탄자기계발 시스템을 통한 자생능력(스스로 할 수 있는 능력)향상

★ 자생능력 Level UP
★ A~E classe
★ 검증된 "삼성"
　[진정성, 전문성, 신뢰성]

5시간　　1개월　　2개월　　3개월　　6개월

★ ★ ★ ★ ★
검증된 전문가 교육시스템
회원제를 통한 무한반복 학습, 연습, 훈련
오프라인 전문상담사가 검진 후 특별맞춤 학습, 연습, 훈련

검증된 강사코칭 전문가
세계 최초 강사 백과사전
강사 사용설명서를 만든 전문가!
150년 A/S, 관리해주는 책임감!

검증된 책 쓰기 전문가 12권
나다운 강사1, 나다운 강사2
나다운 방탄멘탈, 행복히어로
나다운 방탄습관블록
나다운 방탄 카피 사전
나다운 방탄자존감 명언 I
나다운 방탄자존감 명언 II
방탄자기계발 사관학교 I
방탄자기계발 사관학교 II
방탄자기계발 사관학교 III
방탄자기계발 사관학교 IV

검증된 자기계발 전문가
방탄행복 창시자!
방탄멘탈 창시자!
방탄습관 창시자!
방탄자존감 창시자!
방탄자기계발 창시자!
방탄강사 창시자!

검증된 상담 전문가
20,000명 상담, 코칭!
혼자 독학하기 힘든 행복, 멘탈, 습관
자존감, 자기계발, 강의, 강사
1:1 케어까지 해주며 행복 주치의가
되어주는 전문가!

카페에 피카소가 앉아 있었습니다. 한 손님이 다가와 종이 냅킨 위에 그림을 그려 달라고 부탁했습니다. 피카소는 상냥하게 고개를 끄덕이곤 빠르게 스케치를 끝냈습니다. 냅킨을 건네며 1억 원을 요구했습니다.

손님이 깜짝 놀라며 말했습니다. 어떻게 그런 거액을 요구할 수 있나요? 그림을 그리는데 1분밖에 걸리지 않았잖아요. 이에 피카소가 답했습니다.

아니요. 40년이 걸렸습니다. 냅킨의 그림에는 피카소가 40여 년 동안 쌓아온 노력, 고통, 열정, 명성이 담겨 있었습니다.

피카소는 자신이 평생을 바쳐서 해온 일의 가치를 스스로 낮게 평가하지 않았습니다.

- 출처: <확신> 롭 무어, 다산북스, 2021 -

자기계발코칭전문가
커리큘럼

자신의 무한한 가능성을

방탄자기계발사관학교에서 시작하세요!
150년 a/s, 관리, 피드백 함께하겠습니다!

커리큘럼

Google 자기계발아마존

클래스명	내용	2급(온라인)	1급(온,오)
방탄자존감	나답게 살자! 원리 학습, 연습, 훈련	1강, 2강	5시간
방탄멘탈	멘탈 보호막 원리 학습, 연습, 훈련	3강, 4강	5시간
방탄습관	습관 보호막 원리 학습, 연습, 훈련	5강, 6강	5시간
방탄행복	나다운 행복 만들기 원리 학습, 연습, 훈련	7강, 8강	5시간
방탄자기계발	지금처럼이 아닌 지금부터 살자! 원리, 학습, 연습, 훈련	9강, 10강	5시간
방탄코칭	코칭전문가 10계명 (품위유지의무)	11강	5시간

"국가등록 민간자격"

★ 자격증명: 자기계발코칭전문가 2급, 1급
★ 등록번호: 2021-005595
★ 주무부처: 교육부
★ 자격증 종류: 모바일 자격증

교재
(선택사항 / 별도 구매)

NAVER 방탄카피사전   **NAVER** 방탄자존감명언   **NAVER** 방탄멘탈

NAVER 방탄습관   **NAVER** 행복히어로   **NAVER** 최보규

방탄자존감1

방탄자존감2

방탄자존감3

방탄멘탈

방탄습관

방탄행복

자기계발코칭전문가
필시/실기

자기계발코칭전문가2급
필기/실기

자기계발코칭전문가2급 필기시험/실기시험

#. 자격증 검증비, 발급비 50,000원 발생
 (입금 확인 후 시험 응시 가능)

▶ 1강~10강(객관식):(10문제 = 6문제 합격)

▶ 11강(주관식):(10문제 = 6문제 합격)

▶ 시험 응시자 문자, 메일 제목에 자기계발코칭전문
 가2급 시험 응시합니다.
 최보규 010-6578-8295 / nice5889@naver.com

▶ 네이버 폼으로 문제를 보내주면 1주일 안에 제출!
 합격 여부 1주일 안에 메일, 문자로 통보!
 100점 만점에 60점 안되면 다시 제출!

자기계발코칭전문가1급
필기/실기

자기계발코칭전문가1급 필기시험/실기시험

자기계발코칭전문가2급 취득 후 온라인(줌)1:1, 오프라인1:1 선택 후 5개 분야 중 하나 선택(방탄자존감, 방탄멘탈, 방탄습관, 방탄행복, 방탄자기계발=9가지) 한 분야 5시간 집중 코칭 후 2급과 동일하게 필기시험, 실기시험(코칭 비용 상담)

자신의 무한한 가능성을

방탄자기계발사관학교에서 시작하세요!
150년 a/s,관리,피드백 함께하겠습니다!

2장 방탄멘탈

Google 자기계발아마존

자기계발코칭전문가
3강
멘탈 보호막 원리

한 시골 마을에 농사도 짓고 여러 가지 가축도 기르면서 오붓하게 여생을 보내는 한 부부가 살고 있었다.

어느 날 이 부부는 집에서 기르는 당나귀를 사이좋게 타고 읍내에 살고 있는 친구의 집을 향해 즐겁게 길을 나섰다. 아니꼬운 눈으로 이 모습을 지켜보던 사람들이 욕하기 시작했다.

"정말 지독한 사람들이야 두 사람이 함께 당나귀를 타고 가다니 저 당나귀는 얼마나 무거울까"

이 말을 들은 아내는 얼른 내리고 남편만 당나귀를 타고 갔습니다.

또 다시 사람들은 이런 말을 했습니다.
"정말 이기적이야, 아내를 태우지 않고 혼자 당나귀를 타고 가다니"
이번엔 남편이 내리고 아내만 당나귀를 타고 갔습니다.

또 다시 사람들은 이런 말을 했습니다.
"정말 미련하네! 아내만 당나귀를 타게 하다니" 남편을 나무람 하는 말을 들은 아내는 얼른 당나귀에서 뛰어내려 남편의 뒤를 따라 걸었습니다.

당나귀를 타지 않고 아내와 남편은 같이 걸었습니다.

그러자 사람들은 또 혀를 차면서 "저런 바보들 왜 당나귀를 타지 않고 걸어가"

이게 지금 세상, 현실 속, SNS 속, 인생 속 사람 들의 마인드, 멘탈, 태도입니다.

이날 이 부부들의 나들이는 어땠을까요?
즐거운 마음으로 나왔는데 좋았던 기분은 사라지고 안 좋은 마음이 더 생겼을 것입니다.

뭘 해도 욕먹는 시대! 스토리텔링에서 무엇을 느꼈습니까?

지금 21세기 SNS 시대 뭘 해도 욕먹는 시대, 뭘 해도 태클을 걸고 뭘 해도 안티가 생기는 시대입니다.
인간관계 속에서 무엇을 하더라도 안 좋게 바라보는 사람들이 많다는 겁니다.
이런 상황이다 보니까 멘붕(멘탈 붕괴), 자붕(자존감 붕괴)이 자주 발생합니다.

21세기 인간관계, SNS시대 인간관계 1:2:7법칙을 알아야 합니다.

내가 아무리 좋은 걸해도 내가 아무리 선행을 하더라도 10%만 좋아하는 사람이 생기고 싫어하는 사람이 20%가 생기며 무시하고 관심 없는 사람들이 70%가 생깁니다.

어떤 것을 하더라도 안티가 생기고 안 좋게 바라보고 악성 댓글이 생기는 것은 당연한 겁니다.

악성 댓글 쓰는 사람이 문제가 있는 건 맞습니다. 하지만 자연의 이치처럼 인간관계 "1:2:7법칙 이구나! 그럴 수도 있겠구나! 그러려니 하자!" 이런 태도로 인간관계를 해야만 인간관계 속에서 스트레스, 멘붕, 사랑을 관리가 됩니다. 이런 태도가 이런 멘탈이 일반 멘탈이 아니라 방탄멘탈입니다.

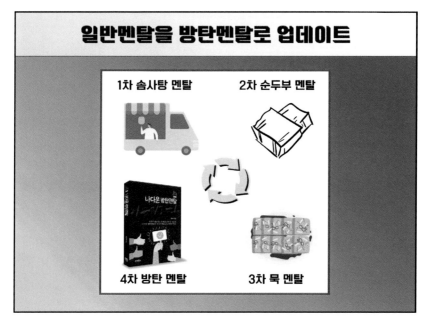

이런 태도를 가지기 위해서 일반 멘탈이 아닌 방탄멘탈을 학습, 연습, 훈련으로 멘탈을 업데이트 해야 합니다.

세상, 현실 기준들, 주둥이 파이터들, 주위 사람들이 끊임없이 숨을 거두는 날까지 멘탈을 흔들리게 합니다. 니 주제에 되겠냐? 너 돈 없잖아? 내가 해봐서 아는데 너 그거 못해!

주위 사람들, 꼰대들 자신이 하려는 것에 찬물을 끼얹는 사람들, 고춧가루 뿌리는 사람들 그런 사람들로 인해서 자신이 하려고 하는 것을 시작할 때 자신감들이 다 사라지고 "진짜 안 될까? 포기해야 되나?"라는 감정이 족쇄가 된다. 시작 할 때 그 마음가짐, 다짐들, 열정들 주위 사람들 말로 인해서 자신감, 용기가 꺾이는 경가 많습니다. 한 번 쯤은 겪어 봤을 겁니다.

20,000명 상담, 코칭 하면서 알게 된 것은 일이 힘들어서 그만두는 사람보다 주위 사람 말로 인해서 멘탈이 깨져서 하던 일을 그만두는 사람이 더 많습니다.

사람들 말에 흔들리지 않는 방법, 극복하는 방법이 있습니다. 4가지 사람의 유형을 오픈 합니다. 집중하세요!

자신의 자신감, 용기를 떨어뜨리는 그 사람들 내가 하려고 하는 분야의 1.박사 학위, 2.연관된 책 5권 출간, 3. 주위 사람들에게 선한 영향력을 주는 사람 "아저 사람은

내가 좋은 사람이 되고 싶도록 만들어" 이 말을 하게 만
드는 사람인가, 4.가족들에게 잘 하는 사람인가.

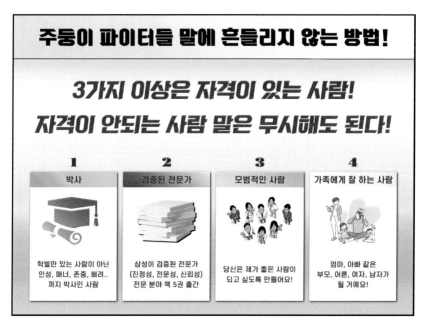

이 4가지 중에 3가지 이상 해당 되지 않는 사람의 말이
라면 개무시해도 됩니다.

하고 있는 일, 내 분야에 검증된 전문가가 말하는 것이
아니기에 자존심이 상하고 멘탈 붕괴, 자존감 붕괴가 일
어나면 안 됩니다. 곰곰이 생각을 해봐야 합니다.

주둥이 파이터들 그 사람 자체를 무시하는 게 아닙니다.
오해하지 말고 들으십시오.

그 말을 할 자격이 있는가? 그 수준을 점검을 해봐야 합니다.

검증이 안된 사람 말에 자신감이 떨어지고 멘탈 붕괴가 일어나고 자존감 붕괴가 일어난다면 쪽팔리는 것입니다. 자존심이 상하는 것입니다.

당연히 검증된 전문가가 말하는 것에 자존감, 자신감이 떨어진다면 당연한 겁니다.

검증된 전문가도 아니 사람의 말에, 내가 잘 되면 배 아플 것 같은 질투 섞인 말에, 내가 잘 될까 봐서 빈정거리는 말에 자신의 소중한 감정 소모를 할 필요가 없습니다.

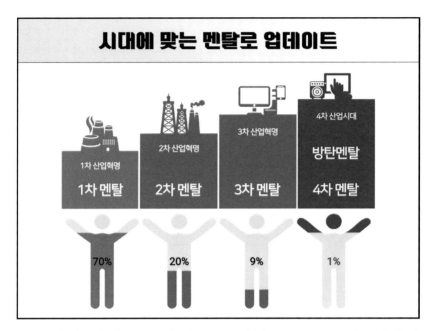

4차 산업 시대, AI 시대, 5G 시대 ~ 10G시대, 메타버스 시대 빛에 속도로 시대가 변하고 있습니다.

시대에 맞게 멘탈을 못 따라가고 있는 사람들이 90%입니다. 20,000명을 상담, 코칭 하면서 알게 된 것은 사람들의 평균적인 멘탈 수준이 있다는 것입니다.

1차 멘탈을 가지고 있는 사람이 70%입니다. 2차 멘탈 20%, 3차 멘탈 9%, 4차 멘탈인 방탄멘탈을 가지고 있는 사람 1%입니다.

지금 현실은 카페인우울증에 빠진 사람이 너무나도 많습니다.

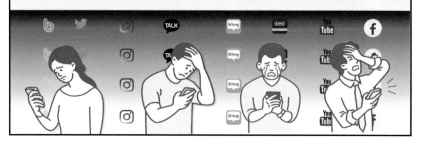

카페인 우울증? SNS속 쇼윈도 행복을 보면서 상대적 불행을 느끼고 상대적 빈곤감을 느끼면서 삶의 의욕을 상실하고 있습니다. (카페인: 카카오 스토리, 페이스북, 인스타그램)

지금 잘 살고 있는데, 지금 가진 게 많은데, SNS로 인해서 끊임없이 비교를 합니다. 부정의 비교, 상대적 불만, 상대적 불행, 상대적 비교로 인해 케페인 우울증이 심각합니다.

그래서 대부분 사람들이 허우대만 멀쩡합니다. 정신,마음 속 멘탈은 다 썩어 문드러지고 있습니다.

20,000명 상담, 코칭을 해보니 화분에 꽃이 활짝 피어 보기 좋았는데 이미 뿌리가 썩어서 죽어가고 있는 상황 이었습니다. 지금 이런 사람들이 90%입니다.

보기에는 멀쩡한데 그 뿌리는 죽어가고 있습니다.

뿌리는 멘탈, 자존감입니다.

SNS 속에서 누군가에 자랑하는 것들만 보면서 자신의 멘탈, 자존감을 도둑 맞는지도 모르고 계속 중독되어 가고 있습니다.

나무에 열매(길과)가 중요 할까요? 뿌리가 중요 할까요? 인생이 나무라면 행복한 인생의 뿌리는 방탄멘탈입니다.

방탄멘탈의 뿌리를 깊이 내려야지만 고난, 역경, 불행의 태풍, 인간관계 속 미세 먼지, SNS 속 초미세 먼지를 잘 극복할 수 있습니다.

사람에게 산소가 없으면 살 수 없듯 방탄멘탈은 직업, 관계, 각 분야에서 산소와 같습니다.

방탄멘탈이 왜 중요한지 알게 해주는 그룹이 있습니다. 이 그룹을 모르면 지구인이 아니라는 말이 있습니다.

세계적인 스타, 대한민국 스타 BTS(방탄소년단)입니다. BTS(방탄소년단) 소속사가 BTS에게 대한민국 최초로 연예 소속사 최초로 개인 멤버 마다 1:1 심리상담사를 붙여 멘탈 케어를 해줍니다. 한마디로 멘탈 주치의가 있습니다.

BTS 멘탈!

BTS가 다른 연예인과 다르게 사건 사고가 없는 이유?

멘탈 주치의가 있어서다!

B T S ARMY

연예인이라는 직업이 어떻습니까? 심리적 충격이 엄청 민감하고 악성 댓글에 엄청 민감하며 우울증 등 심리적 압박감, 심리적 불안감이 많을 수밖에 없는 직업이다 보니 대한민국 연예기획사 최초로 멘탈 케어 시스템을 만들었습니다.

대부분 연예인들은 부와 명예를 얻다 보면 딴 생각을 많이 하고 다른 행동을 많이 해서 사건 사고가 많습니다. 그런데 BTS 만큼은 희한하게 사건, 사고가 없습니다.

왜 그런지 다른 이유도 많겠지만 방탄자기계발 전문가가 봤을 때는 멘탈 케어, 멘탈 주치의가 있었기 때문에 그때그때 케어를 잘 받아서 지금의 명성이 만들어졌다는 것입니다.

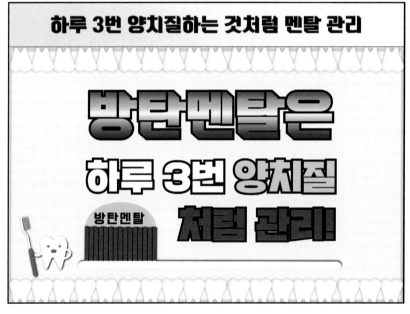

멘탈 관리는 연예인을 떠나서 사람이 살아가는데 가장 중요합니다. 멘탈 관리는 하루 3번 양치질하는 것처럼 꾸준히 관리해야 합니다.

그런데 대부분 사람들은 어떻게 해요? 멘붕, 자붕 왔을 때만 책을 찾아 보려하고 지인에게만 물어보니 늘 그때 뿐이라는 겁니다.

멘탈관리를 양치질처럼 꾸준하게 학습, 연습, 훈련을 하는 사람이 없습니다. 안타까운 현실입니다.

그래서 세계 최초로 방탄자기계발사관학교에서 방탄멘탈 케어 시스템을 만들었습니다.

왕관을 쓰려는 자 그 무게를 견뎌라? 지금 시대는 그 무게보다 더 감수해야 될 것이 있습니다.

SNS를 하려는 사람, 유튜브를 하려는 사람, 연예인이 되려는 사람, 인기를 얻으려는 사람은 악성 댓글과 상대적 빈곤으로 인한 멘탈 붕괴를 견뎌야 합니다.

어떤 일을 시작하더라도 자신이 하고 있는 일을 잘 하려면 멘탈 붕괴를 견뎌내야 합니다.

SNS 시대에 그 누구도 악성 댓글에서 자유롭지 못합니다.

연예인만 악성 댓글에 노출이 되 있는 게 아닙니다.

일반 사람들도 SNS로 인해서 우울증이 생겨서 극단적인 선택까지 생각하는 사람들이 많아지고 있는 현실입니다.

"세상이 왜 이래? SNS가 사람을 망쳤어! 이런 세상이 너무 싫어!" 이렇게 말 할 상황이 아닙니다. 환경에 맞게 변화하고 멘탈을 업데이트 해야 합니다.

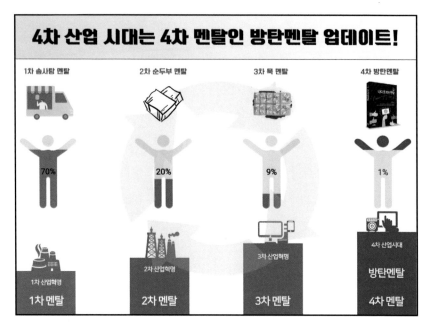

지금 시대는 강한 사람, 우수한 사람이 살아남은 게 아닙니다. 그 환경에 맞게 일반 멘탈이 아니라 방탄멘탈로 업데이트 해야만 살아남을 수 있고 나다운 인생, 나다운 삶을 살아갈 수 있습니다.

어제 살아봤다고 오늘 다 알아요? 오늘은 누구나 처음입니다. 100년을 살아봐도 내일은 누구나 처음이입니다. 100년을 살아봐도 오늘이라는 시간은 아무도 모릅니다. 이생마? 이번 생은 망했습니까?
망했다고 생각하고 아무것도 안 하면 진짜 망합니다.

살아온 날로 살아갈 날 단정 짓지 말자!
지금처럼 살 것인가 지금부터 살 것인가!
까짓것 해봅시다!
잘하지 않아도 괜찮아
부족하니까 사랑스럽지
지금 잘하고 있는 거 아시죠!
시작하면 언제나 배웁니다. 시작합시다!

순두부 멘탈에서 방탄멘탈로 업데이트하기 위한 7단계!
멘탈 시대는 끝났습니다. 운전도 방어운전이 중요하듯이
지금시대는 나다운 방탄멘탈이 필요합니다. 방탄멘탈도
스펙입니다. 학습, 연습, 훈련을 통해 익히는 것입니다.

1단계 나다운 순두부멘탈
2단계 나다운 실버멘탈
3단계 나다운 골드멘탈
4단계 나다운 에메랄드멘탈
5단계 나다운 다이아몬드멘탈
6단계 나다운 블루다이아몬드 멘탈
7단계 나다운 방탄멘탈
4강에서 멘탈 보호막 학습, 연습, 훈련 시작합시다.

자신의 무한한 가능성을

방탄자기계발사관학교에서 시작하세요!

150년 a/s,관리,피드백 함께하겠습니다!

2장 방탄멘탈

Google 자기계발아마존

자기계발코칭전문가

4강

멘탈 보호막 학습, 연습, 훈련

죽을 때까지 3가지? 빼고는
모든 것을 학습, 연습, 훈련해야 합니다!

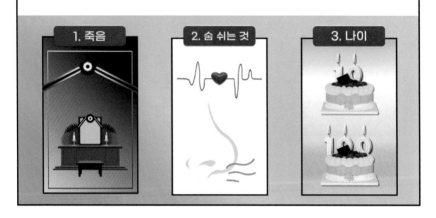

1. 죽음
2. 숨 쉬는 것
3. 나이

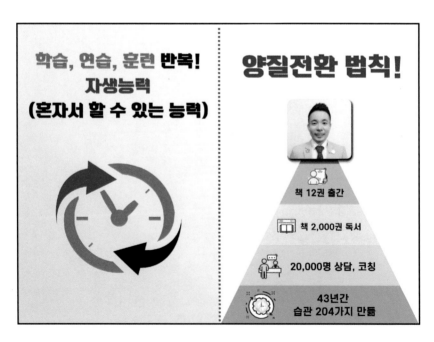

학습, 연습, 훈련 **반복!**
자생능력
(혼자서 할 수 있는 능력)

양질전환 법칙!

책 12권 출간

책 2,000권 독서

20,000명 상담, 코칭

43년간
습관 204가지 만듦

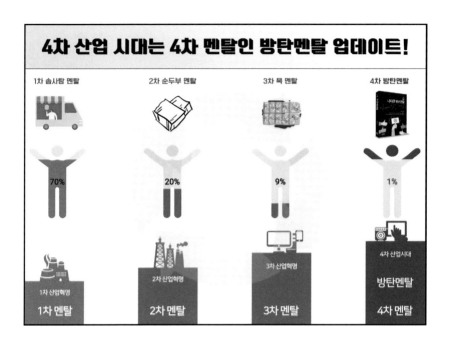

나다운 방탄멘탈 (교재)
순두부 멘탈 28P ~ 29P

긍정적인 사람들에게 사는 벌레?
부정적인 사람들에게 사는 벌레?

게으른 사람들에게 사는 벌레?

탓만 하는 사람들에게 사는 벌레?

불만이 많은 사람들에게 사는 벌레?

욕심이 많은 사람들에게 사는 벌레?

그 벌레는 대충 입니다!

사람들에게 대충이라는 벌레가 처음부터 있었던 건 아닙니다. 하던 일이 익숙해지고 능숙해지고 요령이 생기면 대충 이라는 벌레가 살게 되는 것입니다. 그때 어떤 변화, 행동을 하나에 따라서 삶이 달라집니다.

하고 있는 것이 익숙해지고 능숙해지고 요령이 생길 때 새로운 환경을 만들거나 전문가에게 피드백을 받지 않으면 대충이라는 벌레는 잡을 수가 없습니다.

누구나 벌레는 있습니다. 필자도 있습니다. 대충이라는 벌레는 사람 심리이기에 평생 따라다닙니다.

긍정적인 사람들에게 사는 벌레?
욕심은 대충, 질투는 대충, 비교는 대충, 불만은 대충, 원망은 대충입니다.

방탄멘탈을 양치질처럼 학습, 연습, 훈련을 꾸준히 하지
않으면 자신의 인생을 갉아 먹고 썩게 하는 대충이라는
벌레는 사라지지 않습니다.

4강 멘탈 보호막 학습, 연습, 훈련

나다운 방탄멘탈 (교재)
실버 멘탈 39P ~ 40P

자신 소문이
진짜인지 가짜인지 알 수 있는 법

자신의 소문이 진짜인지 가짜인지 알 수 있는 방법!
오늘 나의 뒷담화를 하는 사람이 있다는 것을 알게 되
었습니다.

그러려니 합니다! 왜? 최보규를 아는 사람은 그 소문이
가짜라는 것을 알기에 믿음이 있기에 살아온 삶이 감사
합니다. 이런 태도가 멘탈 보호막인 방탄멘탈입니다.

20,000명 상담, 코칭하면서 알게 된 것은 일반멘탈을 가지고 있는 사람들 대부분이 자신의 뒷담화를 들었을 때 대부분 이런 반응을 합니다. 그 사람 미친거 아냐? 내가 만만하나? 아~ 열 받네! 전화해서 한번 싸워? 뜯어줘?

뒷담화 하는 사람들이 문제가 있는 거 맞습니다.
문제가 있는 사람 말에 자신이 반응한다는 것은 그게 더 큰 문제라는 겁니다.

뒷담화를 잘하는 사람들은 인성이 안 된 사람입니다.

그런 사람들이 말하는 것에 왜 에너지 소비하고 내 시간을 낭비합니까? 소중한 감정을 소모할 필요가 없습니다. 몰라서 못하는 게 아닐 겁니다. 이론 쪽으로는 다 알 것입니다.

뒷담화하는 사람들 때문에 내 감정이 좌지우지 된다는 자체가 쪽팔리는 것입니다. 부끄러워해야 합니다.

"내가 평상시에 마인드컨트롤 잘 못했기 때문에 사소한 말에도 감정이 좌지우지 되는구나" 자문자답이 필요합니다.

누군가의 사소한 말 때문에 내 감정이 왔다? 갔다? 하는 것은 평상시 나다운 삶이 아니라 남의 삶을 항상 따라했기 때문에 상대방 말에 감정 컨트롤이 안 되는 것은 당연한 결과입니다.

항상 남들이 하는 것을 따라 하고 "남들 다 하니까 나도 하는 거야, 남들 안 하니까 나도 안 하는 거야!" 이런 정신으로 사는데 마인드컨트롤이 안 되는 건 당연한 겁니다.

나다운 삶을 사는 사람들은 주위 사람들이 말하는 것에 흔들리지 않습니다.
나다운 삶을 사는 사람들은 자신의 삶이 부끄럽지 않기 때문에 뒷담화하는 사람을 안더라도 안 좋은 소문이 돌더라도 그게 진짜가 아니기 때문에 감정 소모를 하지 않습니다.

마인드컨트롤을 잘하기 위해서는 감정 소모가 되지 않기 위해서 방탄멘탈을 학습, 연습, 훈련을 꾸준히 관리해야 합니다. 뒷담화, 소문은 과거입니다. 과거는 바꿀 수는 없지만 방탄멘탈로 미래는 바꿀 수 있습니다.

4강 멘탈 보호막 학습, 연습, 훈련

나다운 방탄멘탈 (교재)
골드 멘탈 58P ~ 59P

한방은 없다!

꾸준함이 없는 행운, 한방은 한번 스쳐 지나가는 바람이
고 꾸준함 속에 행운, 한방은 계절마다 느낄 수 있는 행
복입니다.

누구나 한방을 좋아하고 한 방을 기다립니다. 필자도 한
방 좋아합니다. 대박 좋아합니다.
하지만 변화, 성장, 꾸준함, 성실함이 없는 한방은 거품
처럼 사라지고 한방 요요현상, 부작용이 생깁니다. 자신
을 더더욱 게으르게 만듭니다.

자신이 하는 일, 자신 분야가 잘 되지 않습니까? 과거에 게으르게 보냈던 시간에 복수입니다.

행운, 한방이 뭐죠? 대부분 사람들이 잘못 해석하고 있으며 잘못 알고 있습니다.

20,000명 상담, 코칭을 해보면 행운, 한방은 노력 없이, 변화 없이 아무것도 하지 않았는데 결과가 나오는 것이라고 해석하는 사람들이 많습니다.
지금부터는 행운, 한방을 제대로 다시 해석 해야합니다.
많은 경험, 시간의 흐름 속에서 시행착오, 대가 지불

인고의 시간을 통해서 오는 게 행운, 한방입니다.

어떤 행운과 한방을 바라십니까?

한방은 없다!

**우와! 저 사람은 한방 터트릴 수밖에 없는 행동을 어마어마하게 하네!
다른 사람은 몰라도 저 사람이 한방, 대박 터지는 건 인정!**

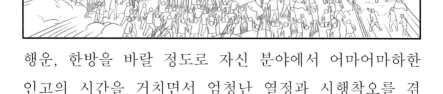

행운, 한방을 바랄 정도로 자신 분야에서 어마어마하한 인고의 시간을 거치면서 엄청난 열정과 시행착오를 겪고 있습니까?

가슴에 손을 얹고 생각을 해봐야합니다.

행운, 한방은 사람이라 가정 했을 때! 한방이라는 사람은 행운이라는 사람은 내가 지금 하고 있는 것을 봤을 때 "오~~ 당신 행운 가져가도 됩니다. 한방 가져가도 됩니다. 자격이 있습니다!"

이렇게 말할 정도로 지금 내 위치에서 자신 분야에서 하고 있습니까?

자신 분야에서 하고 있는 행동들 노력하는 것들을 주위 사람들이 봤을 때 "우와~ 저 사람은 한방 터뜨릴 수밖에 없는 행동을 어마어마하게 하고 있네!" "말이 나올 정도로 하고 있습니까? 저 사람이 한방 안 터지면 누가 한방 터지겠나!" 스스로에게 자문자답을 해 봐야합니다.

행운, 한방도 말할 자격, 바랄 자격이 있는 것입니다. 행

운, 한방이라는 사람이 좋아할 만한 사람이 되어 있을 때 오는 것이고 자신에게 오더라도 행운, 한방이 거품처럼 순간 사라지는 것이 아닌 오랫동안 유지를 할 수 있는 행운, 한방이 오는 것입니다.

주위 사람 중에 한방, 행운이 온 사람을 봤을 때 "저 사람 의심스러워 저 사람에게 저런 행운이? 아무것도 안 했는데 노력한 거 잘 모르겠는데 진짜 운이 좋네." 이런 생각이 드는 사람도 있습니다.

그런 행운, 한방은 거품처럼 순간 느끼고 사라지는 행운, 한방입니다.

4강 멘탈 보호막 학습, 연습, 훈련

나다운 방탄멘탈 (교재)
에메랄드 멘탈 78P ~ 79P

콤플렉스, 트라우마, 상처는 얼음과 같다.
드러내면 드러낼수록 빨리 녹는다!

빛나는 모습이 있으면 어두운 그림자가 있습니다. 장점이 있으면 단점이 있고 낮이 있으면 밤이 있는게 자연의 이치입니다. 헉!! 이제 알았습니다. 나의 콤플렉스, 트라우마, 상처도 내 것이라는 것을 더 늦기 전에 감사합니다.

그래, 나 못생겼다. 그래, 나 키 스머프다. 그래, 나 가진 거 없다. 그래 나 학벌 별로다. 콤플렉스 극복의 시작은 내 모습 있는 그대로 인정입니다. 인정이 쉽지 않기에 멘탈 학습, 연습, 훈련을 꾸준히 해야 합니다.

콤플렉스, 트라우마, 상처 없는 사람은 없습니다. 누구나 다 있습니다. 누구나 있지만 아무나 인정하지 않고 그것도 내 삶이고 나의 콤플렉스도 신체 일부분이라고 받아들이지 않습니다.

행복한 사람들은 콤플렉스, 트라우마, 상처가 없어서 행복한 게 아닙니다. 콤플렉스, 트라우마, 상처까지 내 것이라고 인정했기에 그것에서 벗어나는 게 아니라 함께해야 된다는 것을 알고 콤플렉스, 트라우마, 상처 신경을 덜 쓰기 때문에 일반 사람들 보다 자유롭습니다.

콤플렉스, 트라우마, 상처는 얼음과 같습니다. 양지, 밝

은 곳에 두면 어떻습니까? 따뜻한 곳에 두면 어때요? 서서히 녹습니다.
콤플렉스, 트라우마, 상처라는 얼음이 점점점 녹으면 멘탈 보호막이 단단해집니다.

20,000명 상담, 코칭 하면서 알게 된 콤플렉스, 트라우마, 상처에는 고정관념이 있습니다.

대부분의 사람들은 숨기려합니다. 왜? 자신의 치부, 아픈 과거이기 때문입니다. 상대방이 알면 자존심, 체면이 구겨 질까봐 지하 2,500m 마음 속 깊이 숨깁니다.

상대방이 알면 나를 무시할 것 같고 두려운 마음이 생겨서 늘 콤플렉스, 트라우마, 상처와 연관된 말을 들으면 과민반응을 보입니다.

"나 상처 받았어. 나의 콤플렉스를 건드렸어! 두고 봐 복수 할 거야!"

누구나 콤플렉스, 트라우마, 상처가 있는데 그것도 모르고 장난이라고 건드리는 사람들이 1차적으로 문제가 있지만 그걸 알고 건드리는 사람은 대부분 없습니다. 모르고 실수로 건드리는 사람들이 90%입니다.

친한 사람한테도 콤플렉스, 트라우마, 상처 애기를 안 하는데 그 누구한테 하겠습니까?

대부분 사람들은 장난으로 모르고 말을 했는데 거기에 너무나 과민반응을 보이는 자신의 태도가 더 문제가 있습니다.

친한 사람, 관계를 지속적으로 하고 싶은 사람이 있다면 자신의 콤플렉스, 트라우마, 상처를 의도적으로 들어 낼 수도 있습니다. 우연히 그런 애기가 나왔을 때 들어내야 합니다. "이런 상처, 트라우마가 있으니까 조심해줬으면 좋겠어." 라고 말을 해야합니다. 사람의 심리는 뭘 알아야 조심을 합니다.

자신의 콤플렉스, 트라우마, 상처를 드러냈는데 의식 안 하고 조심 안 하고 말을 계속 한다면 500% 인연을 끊어야 될 사람이라고 신이 보내는 시그널입니다.

사람은 좋아하는 것보다 싫어하는 것을 안 할 때 더 믿음과 신뢰가 쌓입니다.

4강 멘탈 보호막 학습, 연습, 훈련

나다운 방탄멘탈 (교재)
다이아몬드 멘탈 110P ~ 111P

나방이 되지 말자!

나방 다 아시죠? 여름에 불빛, 조명을 보면 타서 죽는지 도 모르고 달려드는 나방! 세상, 현실, SNS속 화려한 불빛으로 나다움이 타고 있습니다.

돈, 권력, 물질적인 것은 불빛입니다. 너무 집착하며 달 려들면 안 됩니다. 자신의 인생, 나다움을 타게 하여 불 행하게 만듭니다.

돈, 권력, 물질적인 것은 바닷물과 같다. 먹으면 먹을수록 갈증이 생깁니다.

그 갈증, 집착을 컨트롤 할 수 있는 방법은 자신에게 주어진 타이틀에 맞는 타이틀 값, 위치 값, 나잇값을 해야 가능합니다.

부모라는 타이틀, 직장 상사라는 타이틀, 대표라는 타이틀, 리더라는 타이틀, 어른이라는 타이틀, 그 타이틀 값어치 나이 값을 하기 위해서 어떤 사람이 되어야 할까요?

나방이 되지 말자!

나방이 되지 않는 유일한 방법!
당신은 제가 좋은 사람이
되고 싶도록 만들어요!

"당신은 내가 좋은 사람이 되고 싶도록 만들어요." 이 말이 나방이 되지 않는 방법, 인생을 불행하지 않게 하는 방법입니다. 마음, 멘탈이 타지 않게 하는 방법 중에 최고의 방법이 아닌 유일한 방법입니다.

"당신은 내가 좋은 사람이 되고 싶도록 만들었어요."
이런 사람이 되기 위해서는 배움, 변화, 어제보다 0.1% 성장, 어제보다 나은 사람이 되기 위한 행동을 해야 합니다.

최보규 방탄자기개발 전문가의 204가지 자존감, 멘탈,

습관, 행복 자기계발 학습, 연습, 훈련하는 방법 204가지 중 바로 실천할 수 있는 것 3가지를 벤치마킹 시작해서 나다운 공식을 만들어 가십시오! 세상 모든 것이 변해도 나다운 공식은 변하지 않습니다.

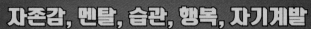

자존감, 멘탈, 습관, 행복, 자기계발
세상 모든 공식들
학습, 연습, 훈련하는 공식!

3:7 공식

$$x_1 + x_2 = -\frac{b}{a}$$
$$x_1 \cdot x_2 = \frac{c}{a}$$

3:7 공식

30%
(유명 인사, 인지도 있는 사람들, 성공한 사람들 공식 10개 중 3개만 벤치마킹)

70%
(시행착오, 대가 지불, 인고의 시간을 통한 자신의 경험)

책 12권 출간

 책 2,000권 독서

 20,000명 상담, 코칭

43년간
습관 204가지 만듦

최보규 자기계발 전문가의 204가지
자존감, 멘탈, 습관, 행복, 자기계발
학습, 연습, 훈련하는 방법
204가지 중 바로 실천할 수 있는 것
3가지 벤치마킹 시작으로
나다운 공식을 만들어 가세요!
세상 모든 것이 변해도
나다운 공식은 변하지 않습니다.

아는 것이 힘인 시대는 끝났다.
머리로만 알고 있는 것은 아는 게 아니다.
내 것이 아니다. 쓰레기다.
1%라도 실천, 행함이 있어야만
그것을 안다라고 말할 자격이 있는 것이다.
배운 대로 살지 않으면
아무것도 아는 것이 아니다.
가르친 대로 살지 않으면
아무것도 가르치지 않는 것이다.

 책 12권 출간

 책 2,000권 독서

20,000명 상담, 코칭

43년간
습관 204가지 만듦

작은 일도 무시하지 않고 최선을 다해야 한다.
작은 일에도 최선을 다하면 정성스럽게 된다.
정성스럽게 되면 겉에 배어 나오고
겉에 배어 나오면 겉으로 드러나고
겉으로 드러나면 이내 밝아지고
밝아지면 남을 감동시키고
남을 감동시키면 이내 변하게 되고 변하면 생육된다
그러니 오직 세상에서 지극히 정성을 다하는 사람만이
나와 세상을 변하게 할 수 있는 것이다.
- 중용 23장 -

책 12권 출간

책 2,000권 독서

 20,000명 상담, 코칭

43년간
습관 204가지 만듦

방탄자기계발 신조

들어라 하지 말고 듣게 하자.
누구처럼 살지 말고 나답게 살자.
좋아하게 하지 말고 좋아지게 하자.
마음을 얻으려 하지 말고 마음을 열게 하자.
믿으라 말하지 말고 믿을 수 있는 사람이 되자.
좋은 사람을 기다리지 말고 좋은 사람이 되어주자.
보여주는(인기) 인생을 사는 것이 아닌 보여지는(인정) 인생을 살아가자.
나 이런 사람이야 말하지 않아도 이런 사람이구나 몸, 머리, 마음으로 느끼게 하자.
-최보규 방탄자기계발 창시자 -

78

1. 전신 장기기증
2. 유서 써놓기
3. 꿈 목표 설정
4. 영양제 챙기기
5. 꿀 챙기기
6. 계단 이용
7. 8시간 숙면
8. 취침 4시간 전 안 먹기
9. 기상 후, 자기 전 스트레칭 10분
10. 술,담배 안 하기
11. 하루 운동 30분
12. 밀가루 기름진 음식 줄이기
13. 자극적인 음식 줄이기
14. 얼굴 눈 스트레칭
15. 박장대소 하루 2회
16. 기상 직후 양치질 물먹기
17. 물 7잔 마시기
18. 밥 먹는 중 물 조금만
19. 국물 줄이기
20. 밥 먹고 30후 커피 마시기
21. 기상 직후 책 듣기
22. 한달 책 15권 보기
23. 책 메모하기
24. 메모 ppt 만들기
25. SNS 캡처 자료수집
26. 강의 자료 항상 찾기
27. 좋은 글 점심때 보내기
28. 사랑의 전화 봉사
29. 주말 유치원 봉사
30. 지인 상담봉사
31. 강의 재능기부
32. 사랑의 전화 후원
33. 강의자료 주기
34. TV 줄이기
35. 부정적인 뉴스 줄이기
36. 솔선수범하기
37. 지인들 선물 챙기기
38. 한달 한번 등산
39. 몸에 무리 가는 행동 안 하기
40. 하루 감사 기도 마무리
41. 탄산음료, 과일쥬스 줄이기
42. 아침 유산균 챙기기
43. 고자세
44. 스마트폰 소독 2번
45. 게임 안 하기
46. SNS 도움 되는 것 공유
47. 전단지 받기
48. 긍정, 멘탈 사용설명서 도구
49. 학습자 선물 주기
50. 강의 피드백 해주기
51. 자일리톨 원석 먹기 하루3개
52. 찬물 줄이고 물 미온수 먹기
53. 소금물 가글
54. 알람 듣고 바로 일어나기

55. 오전 10시 이후 커피 먹기
56. 믹스커피 안 먹기
57. 강의 족보 주기
58. 강의 동영상 주기
59. 강의 녹음파일 주기
60. 블로그 좋은 글 나누기
61. 인스턴트 음식 줄이기
62. 아이스크림 줄이기
63. 빨리 걷기
64. 배워서 남주자 실천(PPT)
65. 읽어서 남주자 실천(책 속의글)
66. 오른손으로 차 문 열기
67. 오순도순 오손 왼손 캠페인 전파하기
68. 운전 중 스마트폰 안 보기
69. 취침 전 30분 독서
70. 취침 전 30분 스마트폰 안 보기
71. 오늘이 마지막인 것처럼 섬기고 영원히 살 것처럼 배우기
72. 자존심 신발장에 넣어 두고 나오기
73. 내가 받은 상처는 모래에 새기고 내가 받은 은혜는 대리석에 새기기
74. 어제의 나와 비교하기
75. 어제 보다 0.1% 성장하기
76. 세상에서 가장 중요한 스펙? 건강, 태도 실천하기
77. 나방이 되지 않기
78. 마라톤 10주 프로그램 시작
79. 마라톤 5km 도전
80. 마라톤 10km 도전
81. 마라톤 하프 도전
82. 마라톤 풀코스 도전
83. 자기 전 5분 명상
84. 뱃살 스트레칭 3분
85. 아침 동기부여 사진 보내기 8시
86. 저녁 동기부여 사진 보내기 9시
87. 나의 1%는 누군가에게는 100%가 될 수 있다. 실천
88. 150kM까지 지금 몸매, 몸 상태 유지 관리
89. 아침 달걀 먹기
90. 운동 후 달걀 먹기
91. 헬스장 등록
92. 오래 살기 위해서가 아니라 몸게 살기 위해 노력하는 사람이 되자
93. 남들이 하는 거 안 하기 남들이 안 하는 거 하기

94. 아침 결명자차 마시기
95. 저녁 결명자차 마시기
96. 폼롤러 스트레칭
97. 어제보다 나은 내가 되자
98. 남들이 안 하는 강의 분야 도전
99. 플랭크 운동
100. 스쿼트 운동
101. 계산할 때 양손으로 주고받고 인사
102. 명함 거울 선물 주기
103. 40살 되기 전 책 출간
104. 반100년 되기 전 책 5권 집필하기
105. 유튜브[나다운TV] 강사심폐소생술
106. 유튜브[나다운TV] 나다운심폐소생술
107. 아.원.때.시.후.성.실 말 줄이기
108. 나다운 강사 책 유튜브 올려 함께 잘되기
109. 리플렛으로 동기부여 시켜주기
110. 아침 8시 동기부여 메시지 만들어 보내기
111. 저녁 9시 동기부여 메시지 만들어 보내기
112. 어플 책 속의 한줄에 책 내용 올리기
113. 책 내용 SNS 오픈
114. 3번째 책 원고 작업 시작
115. 4번째 책 자료수집
116. 뱃살관리 스트레칭 아침, 저녁 5분
117. 3번째 책 기획출판계약
118. 최보규강사사관학교 시작
119. 최보규강사사관학교 지회 원장 임명
120. 올노(올바른 노력)공식 오픈
121. 행복, 방탄멘탈 공식 자자자멘습금 오픈
122. 생화 네 잎 클로버 선물 주기
123. 새바사를 통해 극단적인선택 예방 전파!
124. 새바사를 통해 자자자멘습금 사용설명서 전파!
125. 4번째 책 원고 시작 2021년 1월 출간 목표!
126. 전염성이 강한 상황 왔을 때 대처하기 위한 준비!
127. 코로나19 극복을 위한 공적 마스크 독고 어르신들 주기!

최보규 자기계발 전문가의
자존감, 멘탈, 습관, 행복, 자기계발 학습, 연습, 훈련하는 방법 204가지

128. 아내를 위해 앉아서 소변보기
129. 돌아라 하지 말고 듣게 하자
130. 좋은 사람이 되지 말고 좋은 사람 되어주자.
131. 좋아하게 하지 말고 좋아지게 하자
132. 보여주는(인기)인생을 사는 것보다
     보여지는(인정)인생을 살아가자.
133. 나 이런 사람이야 말하지 않아도
     이런 사람이구나 느끼게 하자.
134. 마음을 얻으려 하지 말고 마음을 열게 하자.
135. 믿으라 하지 말고 믿게 하자
136. 나에 행복 0순위는 아내의 행복이다!
     일어나서 자기 전까지 모든 것 아내에게 집중!
137. 아내 말을 잘 듣자! 하는 일이 잘 된다!
138. 아버지가 어머니에게 이렇게 대했으면 하는 남편이
     되겠습니다. 매형들이 누나들에게 이렇게 대했으면
     하는 남편이 되겠습니다.
139. 눈비 볼은 아니거다. 빌려 쓰는 거다! 담배, 술, 몸에
     무리가 가는 모든 것 자제 하고 건강관리, 자기관리
     하겠습니다.
140. 아내의 은혜를 보답하기 위해 머리, 가슴, 몸, 돈으로
     실천하겠습니다!

141. 아내에게 받은 사랑(내조) 보답하기 위해 머리, 가슴, 몸, 돈
     으로 실천하겠습니다.
142. 아내를 몸, 마음, 돈으로 평생 돈게 해서 호강시켜주겠습니다.
143. 아내를 존경하겠습니다. 세상에 아내 같은 여자 없습니다.
144. 아내 빼고는 모든 여자는 공룡이다! 정신으로 살겠습니다.
145. 많은 사람들에게 인정받는 남편이 아닌 아내에게 인정받는
     남편이 되기 위해 먼저 맞춰가는 남편이 되겠습니다.
146. 아내에게 무조건 지겠습니다.
     이기런 하지 않겠습니다. 아내 앞에서는 나직섬자체를
     내려놓겠습니다. (나이, 직급, 성별, 자존심, 체면)
147. 지저분한 것(음식물 쓰레기, 화장실 청소)다 하겠습니다.
148. 함께하는 한 가지를 위해 개인 생활 10가지를 감수하겠습니다.
149. 최강자학습지 시작 (최보규의 감사학습지, 자기계발학습지)
150. 홍코 시작(집에서 화상 1:1 케어)
151. 불자의 인생 시작
152. 나는 복덩어리다. 나는 운이 좋은 사람이다.
153. 베스트셀러 3권 달성 노하우 책쓰기 교육 시작
154. 유튜브, 유튜버 100년 하는 노하우 교육 시작

최보규 자기계발 전문가의
자존감, 멘탈, 습관, 행복, 자기계발 학습, 연습, 훈련하는 방법 204가지

155. 방탄멘탈마스터 양성 시작
156. 나다운 방탄멘탈 책으로 극단적인 선택 줄이기
157. 아침 8시, 저녁9시 방탄멘탈공식 SNS 공유
158. 5번째 책 2022년 나다운 방탄사랑
159. 2023 나다운 방탄멘탈 2
160. 2024 나다운 책 쓰기(100년 가는 책)
161. 2025 유튜버가 아니라 나튜버 (100년 가는 나튜버)
162. 2026 나다운 강사3(Q&A)
163. 2027 나다운 명언
164. 2029 나다운 인생(50살 자서전)
165. 줌 화상기법 강의, 코칭(최보규줌사관학교)
166. 언택트(비대면)시대에 맞게 아날로그 방식 80%를
     디지털 방식 80%로 체인지
167. 변기 뚜껑 닫고 물 내리기
168. 빨래하기
169. 요리하기, 요리책 내기 위한 자료 수집
170. 화장실 물기 제거

171. 부엌 청소, 집 청소, 화장실 청소
172. 사랑해 100번 표현하기
173. 아내에게 하루 마무리 안마 5분 해주기
174. 헌혈 2달에 1번
175. 헌혈증 기부
176. 네 번째 책 행복 히어로 책 출간
177. 극단적인 선택률, 이혼를 낮추기 위한 교육 시작
178. 행복률을 높이기 위한 교육 시작
179. 다섯 번째 책 원고 작업 시작
180. 여섯 번째 책 자료 수집
181. 운전 중에 양보 해줄 때, 받을 때 목례로 인사하기.
182. 다섯 번째 책 나다운 방탄습관블록 출간
183. 습관사관학교 시스템 완성
184. 습관 코칭, 교육 시작
185. 아침 8시, 저녁 9시 습관 메시지 sns 공유
186. 습관 전문가 되어 무료 케어 상담 시작
187. 습관 콘텐츠 유튜브<행복히어로>에 무료 오픈 시작

최보규 자기계발 전문가의
자존감, 멘탈, 습관, 행복, 자기계발 학습, 연습, 훈련하는 방법 204가지

188. 여섯 번째 책 원고 작업 시작
189. 최보규상(대한민국 노벨상) 버킷리스트 설정
190. 2037년까지 운영진, 자금(상금), 시스템 완성 목표 설정
191. 최보규상을 1,000년 동안 유지하기 위한 공부
192. 일곱 번째 자존감 책 원고 작업
193. 여덟 번째 책 쓰기 위한 자료 수집, 공부
194. 앉아서 일 할 때 50분의 한번 건강 타이머 누르기
195. 세계 최초 자기계발쇼핑몰(www.자기계발아마존.com)
196. 온라인 건물주 분양 시작(월세, 연금성 소득 올릴 수 있는 시스템)
197. 일곱, 여덟 번째 책 출간(나다운 방탄자존감 명언 Ⅰ, Ⅱ)
198. 자기계발코칭전문가 1급, 2급 자격증 교육 시작
199. 방탄자기계발사관학교 Ⅰ, Ⅱ, Ⅲ, Ⅳ 4권 출간
200. 2021년 목표였던 9권 책 출간 달성!
201. 하루 3번 호흡 스택 습관 쌓기 시작
     (코 8초 마시고, 5초 멈추고, 입으로 8초 내뱉기)
202. 장모님께 출간 한 책 12권 드리기
203. 2022년 최보규의 책 쓰기9 원고 작업 시작
204. 100만 프리랜서를 도움주기 위한 프로젝트 시작

4강 멘탈 보호막 학습, 연습, 훈련

나다운 방탄멘탈 (교재)
블루다이아몬드 멘탈 123P ~ 125P

가능성은 바람 같은 것
바람은 보이지 않지만 보이게 합니다.

0.1% 가능성을 99% 가능성으로 만드는 방법은? 가능성에 꾸준히 정성을 다해서 집중하는 것입니다. 99% 가능성도 정성과 꾸준함이 없으면 0.1% 가능성보다 못합니다. 그 무엇이든 가능성을 높이는 공식은 꾸준함, 정성, 집중입니다

가능성이 뭐죠? "어라! 이거 될 것 같은데" 이런 마음이 들게 하여 행동을 하게 만듭니다.

자기계발코칭전문가 자격증이 자신, 자신분야 0.1% 가능성을 99% 가능성으로 만들어 줍니다.

자신, 자신 분야 0.1% 가능성을 자기계발코칭전문가2급 자격증이 99% 가능성으로 만들어 준다!

"국가등록 민간자격"

★ 자격증명: 자기계발코칭전문가2급

★ 등록번호: 2021-005595

★ 주무부처: 교육부

★ 자격증 종류: 모바일 자격증

※ 등록하지 않은 민간자격을 운영하거나 민간자격증을 발급할 때에는 [자격기본법]에 의해 3년 이하의 징역 또는 3천만 원 이하의 벌금에 처해진다.

가능성은 바람 같은 것 바람은 보이지 않지만 보이게 합니다.

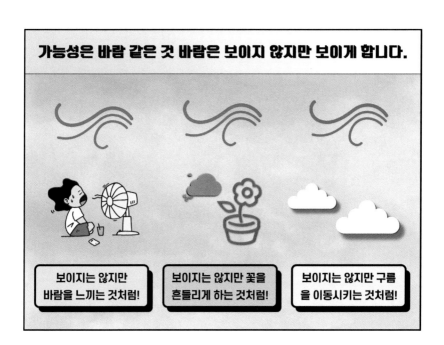

보이지는 않지만 바람을 느끼는 것처럼!

보이지는 않지만 꽃을 흔들리게 하는 것처럼!

보이지는 않지만 구름을 이동시키는 것처럼!

가능성은 바람 같은 것 바람은 보이지 않지만 보이게 합니다.

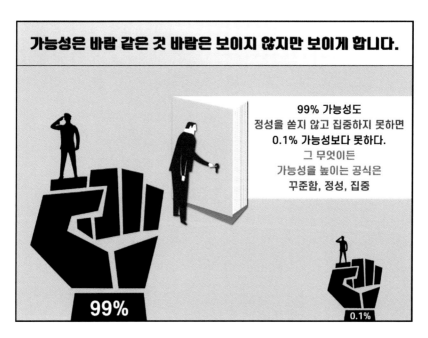

99% 가능성도 정성을 쏟지 않고 집중하지 못하면 0.1% 가능성보다 못하다. 그 무엇이든 가능성을 높이는 공식은 꾸준함, 정성, 집중

하지만 사람 심리는 빠른 시간 안에 결과가 나오지 않으면 가능성이 떨어집니다. 당연한 겁니다.

그러다 보면 꾸준히 하고 있는 것을 의심하게 합니다.
"이거 되는 거야? 안 되는 거야?"
시작 할 때 자신감 넘치는 모습, 과감하게 시작했던 마음들은 온데간데없고 나태해지며 딴 생각이 듭니다. "다른 거 할까? 내 길이 아닌가? 적성에 안 맞는데?" 이런 마음들이 자기 자신을 괴롭힙니다.

당연한 사람의 심리입니다. 누구나 겪습니다. 결과를 냈던 사람들도 그런 시기를 계속 겪었습니다.

어려운 시기가 없이 단번에 결과가 안 나온다는 것을 이론적으로는 아는데 바라게 되는 자신의 게으름에 자아가 자신을 다그칩니다. 내일 해! 포기해! 가능성 없어! 아무리 힘들었던 사람들의 동기부여 말을 듣더라도 사람의 심리는 옆 사람이 10cm 찢어져서 피가 콸콸콸 콸콸 흘러도 내 손톱 밑에 그 0.1mm 가시가 더 아프다는 것입니다.

떨어진 가능성을 올리려면 어떻게 해야 될까요?

84

결과가 조금씩이라도 보여야 올라갑니다. 하지만 생각대로 되지 않습니다. 그래서 가능성을 올리기 위해서는 가장 기본적으로 선행 되어야 할 것은 꾸준함, 정성, 집중을 통해 어제보다 0.1% 변화, 성장, 배움, 다름이 있을 때 가능성이 올라갑니다.

꾸준함, 정성, 집중도 어제와 다름 어제보다 나아짐 있는 꾸준함, 정성, 집중을 말을 하는 것입니다.

그냥 어제와 똑같이 주구장창 노오력~~~~~~ 시간만 채우는 꾸준함, 정성, 집중이 아닙니다.

어제보다 0,1% 다름, 나아짐이 있는 꾸준함, 정성, 집중을 말하는 것입니다. 명심하세요!

나다운 방탄멘탈 (교재)
나다운 방탄멘탈 249P ~ 250P

치약보다
못한 사람이 되지 말자!

치약보다 못한 사람이 되지 말자? 다 쓴 것 같을 때 그냥 버리십니까? 그러면 엄마한테 등짝 스매싱, 아내에게 등짝 스매싱을 맞습니다.

치약을 좀 더 쓰기 위해서 평평한 곳에 두고 칫솔로 쭉쭉쭉 밀면 아이언맨은 능가하는 힘을 발휘합니다. 믿을 수 없는 양이 나옵니다. 희~~~ 언빌리버블!

그 많은 양도 어느 순간에 다 쓰게 되고 또 나오지 않습니다. 그때 버리면 엄마에게 등짝 스매싱, 아내에게 등짝 스매싱? 이때는 안 맞습니다.

실망은 금물! 한 손으로 눌러서 안 나올 때는 양손으로 힘크의 힘을 받아서 머리를 누르면 두 번, 세 번 정도 양이 또 나옵니다. 판타스틱!

끝은 있는 법이죠! 여기까지 끝인가 보오~~
지금은 우리가 헤어져야 할 시간 다음에 또 만나요~
STOP! 치약 입구를 보니 머리를 보니 한번 쓸 수 있는 치약이 숨어 있습니다.

힉! 양손으로도 안 나오는 너! 싸우다가 안 되면 어떻게 하죠? 물어서라도 이거야 되잖아요! 한국 사람의 근성! 물기신공! 치아로 힘껏 물어 버리니 항복하면서 나오는 치약! 나무관세음보살! 할렐루야! 이제는 보낼 때가 되었는가? 유레카!
아낌없이 주는 나무처럼 치약을 가위로 자릅니다. 힐! 대박! 2~3번 쓸 수 있는 양이 또 나옵니다.
이것은 기적입니다. 치약의 기적입니다.
우리는 기적을 치약에서 볼 수 있습니다.

우리는 치약보다 못한 사람이 되면 안 됩니다.
해보다가 안 되면 치약처럼 4번 ~ 5번 해볼 수 있는 우리가 되어야 합니다.

생명이 없는 하찮은 치약도 4번 ~ 5번을 버티고 끈기를 가지고 시도했습니다.

하는 일이 결과가 나오지 않나요? 치약을 생각하면서 쥐어짭시다!

치약보다 못한 사람이 되지 말자!

※치약에게 배우는 끈기※

1. 평평한 곳에 놓고 칫솔 손잡이로 밑에부터 쭉 밀면 나온다.
2. 한 손으로 눌러서 안 나올 때쯤 양손으로 누르면 나온다.
3. 양손으로도 안 나오면 치아로 물면 나온다.
4. 치약을 자르면 나온다.

4강 멘탈 보호막 학습, 연습, 훈련

나다운 방탄멘탈 (교재)
나다운 방탄멘탈 282P ~ 284P

삶의 질을 높이는 7개 기둥!
나다운 방탄멘탈 7개 기둥!

세상 모든 것은 7개의 기둥으로 이루어져 있습니다. 사람이 살아가면서 중요한 것들은 7개의 기둥이 있습니다. 기둥이 튼튼해야 건물이 오래가고 안전합니다.

대표적인 7개의 기둥들을 잘 관리해야 합니다.
- 자연 7개 기둥: 태양, 물, 땅, 바람, 동물, 태풍, 식물.
- 자동차 7개 기둥: 운전습관, 엔진, 바퀴, 핸들, 브레이크, 엑셀, 사이드미러.
- 뇌 호르몬 7개 기둥: 생활습관, 엔도르핀(쾌감 자극), 세로토닌(행복), 도파민(의욕, 열정, 동기), 아드레날린(신체능력), 멜라토닌(수면), 옥시토신(사랑).

- 몸 7개 기둥: 자기관리 습관, 뇌, 눈, 머리, 장기, 팔, 다리.
- 사랑 7개 기둥: 사랑 습관, 맞춰가려는 행동, 존중, 인정, 배려, 자존심 내려놓기, 이기는 것보다 지려는 마음.
- 인간관계 7개 기둥: 인간관계 습관, 존중, 이해, 맞춰가려는 행동, 말투, 만만하게 보이지 말자, 인연 끊을 사람 빨리 끊자.
- 일 7개 기둥: 일하는 습관, 하고 싶은 일은 아니지만 하고 싶은 일을 찾기 위한 디딤돌이라는 마음, 전문성, 프로정신, 있으나 마나한 존재가 아닌 대체 불가능한 존재, 제2의 가족, 월급.
- 행복의 7개 기둥: 자존감, 자신감, 자기관리, 자기계발, 멘탈, 습관, 긍정.
- 방탄멘탈 7개 기둥: 자자자자멘습긍
(자존감, 자신감, 자기관리, 자기계발, 멘탈, 습관, 긍정)

삶의 질을 높이는 7개 기둥! 나다운 방탄멘탈 7개 기둥!

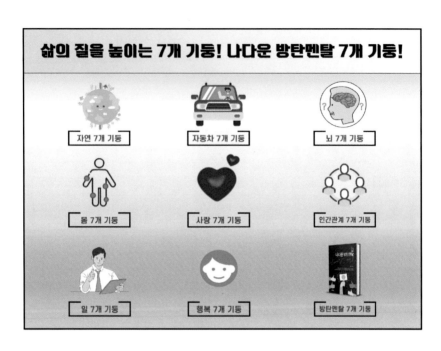

삶의 질을 높이는 7개 기둥! 나다운 방탄멘탈 7개 기둥!

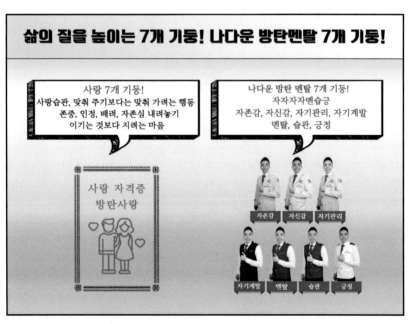

자신의 무한한 가능성을
방탄자기계발사관학교에서 시작하세요!

 방탄자존감 사관학교
 방탄행복 사관학교
 방탄멘탈 사관학교
 방탄습관 사관학교

 방탄사랑 사관학교
 방탄웃음 사관학교
 방탄강사 사관학교
 방탄책쓰기 사관학교
 방탄유튜버 사관학교

방탄자기계발
심화(1급) 코칭

9개 분야 중 심화 코칭 받고 싶은 분야 선택 가능!
(자존감, 행복, 멘탈, 습관, 사랑, 웃음, 강사, 책 쓰기, 유튜버)

1개 분야 (5시간)	6개 분야 (30시간)
2개 분야 (10시간)	7개 분야 (35시간)
3개 부야 (15시간)	8개 분야 (40시간)
4개 분야 (20시간)	9개 분야 (45시간)
5개 분야 (25시간)	

상담 무료!
최보규 대표
📱 010-6578-8295
nice5889@naver.com

방탄자기계발 내공, 스펙, 값어치

 자기계발 책 2,000권 독서

 20,000명 상담 코칭

 자기계발 책 12권 출간

 44년간 자기계발 습관 204가지 만듦

방탄자기계발 심화(1급) 코칭

9개 분야 중 심화 코칭 받고 싶은 분야 선택 가능!

(자존감, 행복, 멘탈, 습관, 사랑, 웃음, 강사, 책 쓰기, 유튜버)

1개 분야 (5시간)	6개 분야 (30시간)
2개 분야 (10시간)	7개 분야 (35시간)
3개 분야 (15시간)	8개 분야 (40시간)
4개 분야 (20시간)	9개 분야 (45시간)
5개 분야 (25시간)	

상담 무료!

최보규 대표

📱✉ 010-6578-8295

nice5889@naver.com

방탄자존감 자기계발

클래스 1단계	자존감 종합검진
클래스 2단계	방탄자존감 1단계 (자존감 원리 이해)
클래스 3단계	방탄자존감 2단계 (후시딘 자존감)
클래스 4단계	방탄자존감 3단계 (마데카솔 자존감)
클래스 5단계	방탄자존감 실천 동기부여

방탄자기계발 심화(1급) 코칭

9개 분야 중 심화 코칭 받고 싶은 분야 선택 가능!

(자존감, 행복, 멘탈, 습관, 사랑, 웃음, 강사, 책 쓰기, 유튜버)

1개 분야 (5시간)	6개 분야 (30시간)
2개 분야 (10시간)	7개 분야 (35시간)
3개 부야 (15시간)	8개 분야 (40시간)
4개 분야 (20시간)	9개 분야 (45시간)
5개 분야 (25시간)	

상담 무료!
최보규 대표
📱 010-6578-8295
nice5889@naver.com

방탄행복 자기계발

클래스 1단계	행복 초등학생, 행복 중학생, 행복 고등학생 001강 ~ 030강
클래스 2단계	행복 전문학사 = 031강 ~ 050강 행복 학사 = 051강 ~ 080강
클래스 3단계	행복 석사 = 081강 ~ 100강
클래스 4단계	행복 박사 = 101강 ~ 120강
클래스 5단계	행복 히어로 = 120강 ~ 135강

방탄자기계발
심화(1급) 코칭

9개 분야 중 심화 코칭 받고 싶은 분야 선택 가능!

(자존감, 행복, 멘탈, 습관, 사랑, 웃음, 강사, 책 쓰기, 유튜버)

1개 분야 (5시간)	6개 분야 (30시간)
2개 분야 (10시간)	7개 분야 (35시간)
3개 부야 (15시간)	8개 분야 (40시간)
4개 분야 (20시간)	9개 분야 (45시간)
5개 분야 (25시간)	

상담 무료!
최보규 대표
☎ 010-6578-8295
nice5889@naver.com

방탄멘탈 자기계발

클래스 1단계	순두부 멘탈 step 01 ~ step 10 실버 멘탈 step 11 ~ step 20
클래스 2단계	골드 멘탈 step 21 ~ step 30 에메랄드 멘탈 step 31 ~ step 40
클래스 3단계	다이아몬드 멘탈 step 41 ~ step 50
클래스 4단계	블루다이아몬드 멘탈 step 51 ~ step 70
클래스 5단계	나다운 방탄멘탈 step 71 ~ step 115

방탄자기계발 심화(1급) 코칭

9개 분야 중 심화 코칭 받고 싶은 분야 선택 가능!

(자존감, 행복, 멘탈, 습관, 사랑, 웃음, 강사, 책 쓰기, 유튜버)

1개 분야 (5시간)	6개 분야 (30시간)
2개 분야 (10시간)	7개 분야 (35시간)
3개 부야 (15시간)	8개 분야 (40시간)
4개 분야 (20시간)	9개 분야 (45시간)
5개 분야 (25시간)	

상담 무료!
최보규 대표
📱 010-6578-8295
nice5889@naver.com

방탄습관 자기계발

클래스 1단계	나다운 방탄습관블록 공식
클래스 2단계	몸 습관 블록 쌓기
클래스 3단계	머리 습관 블록 쌓기
클래스 4단계	마음(방탄멘탈)습관 블록 쌓기
클래스 5단계	자신 습관 종합검진 습관 처방전과 실천 동기부여

방탄자기계발
심화(1급) 코칭

9개 분야 중 심화 코칭 받고 싶은 분야 선택 가능!

(자존감, 행복, 멘탈, 습관, 사랑, 웃음, 강사, 책 쓰기, 유튜버)

1개 분야 (5시간)	6개 분야 (30시간)
2개 분야 (10시간)	7개 분야 (35시간)
3개 부야 (15시간)	8개 분야 (40시간)
4개 분야 (20시간)	9개 분야 (45시간)
5개 분야 (25시간)	

상담 무료!
최보규 대표
☎ 010-6578-8295
✉ nice5889@naver.com

방탄웃음 자기계발

클래스 1단계	방탄웃음 원리 이해 (학습, 연습, 훈련)
클래스 2단계	방탄웃음 스팟 기법 (학습, 연습, 훈련)
클래스 3단계	방탄웃음 실전 기법 (학습, 연습, 훈련)
클래스 4단계	방탄웃음 습관 사용설명서 (학습, 연습, 훈련)
클래스 5단계	방탄웃음 실전 강의 청강 (강사료 100만 원 실전 강의)

방탄자기계발
심화(1급) 코칭

9개 분야 중 심화 코칭 받고 싶은 분야 선택 가능!

(자존감, 행복, 멘탈, 습관, 사랑, 웃음, 강사, 책 쓰기, 유튜버)

1개 분야 (5시간)	6개 분야 (30시간)
2개 분야 (10시간)	7개 분야 (35시간)
3개 부야 (15시간)	8개 분야 (40시간)
4개 분야 (20시간)	9개 분야 (45시간)
5개 분야 (25시간)	

상담 무료!
최보규 대표
☎ 010-6578-8295
nice5889@naver.com

방탄강사 자기계발

클래스 1단계	강의 시작 집중기법, SPOT 기법 아이스브레이킹 기법, SPOT+메시지기법
클래스 2단계	스토리텔링 기법
클래스 3단계	엑티비티 팀빌딩 기법 (팀 워크, 조직활성화)
클래스 4단계	강사 인성, 매너, 개념, 멘탈 교육 강사 연차 별 준비, 변화 방법! 강사료 올리는 방법!
클래스 5단계	3D.4D 강의 기법. 담당자, 청중, 학습자가 원하는 강의기법

방탄책쓰기 자기계발

클래스 1단계	책 쓰기, 책 출간 의미 부여, 목표, 방향 설정 (5가지 책 출판 장단점)
클래스 2단계	7G (원고, 투고, 퇴고, 탈고, 투고, 강의, 강사)
클래스 3단계	온라인 콘텐츠 연결 기획, 제작
클래스 4단계	디지털 콘텐츠 연결 기획, 제작
클래스 5단계	자신 분야 연결 제2수입, 제3수입 발생 무인 시스템 기획, 제작

방탄유튜버 자기계발

클래스 1단계	유튜브 시작 준비! (채널 100년 목표, 방향, 자신 분야 연결)
클래스 2단계	영상 촬영 방향! (영상 콘셉트, 기획)
클래스 3단계	촬영 기법! (기본 장비, 촬영 도구, 카메라)
클래스 4단계	영상 업로드! (편집프로그램, 영상 편집 기본 세팅)
클래스 5단계	유튜버 인성, 매너, 멘탈, 홍보전략 (유튜버 태도) 자신 분야 연결 제2수입, 제3수입 발생 무인 시스템 기획, 제작

4차 산업시대는
4차 강사인 방탄강사!

커리큘럼

NAVER 방탄자기계발사관학교

클래스명	내용	1급(온,오)
강사 현실	강사 현실(생계형 강사 90% 강사님 강사료가 어떻게 되나요?	1강
강사 준비 1	강사라는 직업을 시작하려는 분들 준비, 학습, 연습, 훈련!	2강-1부
강사 준비 2	강사라는 직업을 시작하려는 분들 준비, 학습, 연습, 훈련!	3강-2부
강사 준비 3	강사라는 직업을 시작하려는 분들 준비, 학습, 연습, 훈련!	4강-3부
1년차 ~ 3년차	1년차 ~ 3년차 경력 있는 강사들 준비, 학습, 연습, 훈련!	5강
3년차 ~ 5년차	3년차 ~ 5년차 경력 있는 강사들 준비, 학습, 연습, 훈련!	6강
5년차 ~ 10년차 1	5년차 ~ 10년차 이상 경력 있는 강사들 준비, 학습,연습, 훈련!	7강-1부
5년차 ~ 10년차 2	5년차 ~ 10년차 이상 경력 있는 강사들 준비, 학습,연습, 훈련!	8강-2부
5년차 ~ 10년차 3	5년차 ~ 10년차 이상 경력 있는 강사들 준비, 학습,연습, 훈련!	9강-3부
5년차 ~ 10년차 4	5년차 ~ 10년차 이상 경력 있는 강사들 준비, 학습,연습, 훈련!	10강-4부
강의, 강사 트렌드	교육담당자, 청중, 학습자가 원하는 강의 강사 트렌드! 2022년 부터 ~ 2150년 강의, 강사 트렌드!	11강
코칭전문가	코칭전문가 10계명(품위유지의무)	12강

"국가등록 민간자격"

★ 자격증명: 강사코칭전문가 2급, 1급
★ 등록번호: 2022-001741
★ 주무부처: 교육부
★ 자격증 종류: 모바일 자격증

강사코칭전문가2급
필기/실기

강사코칭전문가2급 필기시험/실기시험

#. 자격증 검증비, 발급비 50,000원 발생
(입금 확인 후 시험 응시 가능)

▶ 1강~11강(객관식):(10문제 = 6문제 합격)

▶ 12강(주관식):(10문제 = 6문제 합격)

▶ 시험 응시자 문자, 메일 제목에 자기계발코칭전문
가2급 시험 응시합니다.
최보규 010-6578-8295 / nice5889@naver.com

▶ 네이버 폼으로 문제를 보내주면 1주일 안에 제출!
합격 여부 1주일 안에 메일, 문자로 통보!
100점 만점에 60점 안되면 다시 제출!

강사코칭전문가1급
필기/실기

강사코칭전문가1급 필기시험/실기시험

강사코칭전문가2급 취득 후 온라인 (줌)1:1, 오프라인1:1 선택! 강사 종합검진후 맞춤 집중 코칭! 2급과 동일하게 필기시험, 실기시험(코칭 비용 상담)

강사코칭전문가2급 커리큘럼

클래스명	내용	1급(온,오)
강사 현실	강사 현실(생계형 강사 90% 강사님 강사료가 어떻게 되나요?	1강
강사 준비 1	강사라는 직업을 시작하려는 분들 준비, 학습, 연습, 훈련!	2강-1부
강사 준비 2	강사라는 직업을 시작하려는 분들 준비, 학습, 연습, 훈련!	3강-2부
강사 준비 3	강사라는 직업을 시작하려는 분들 준비, 학습, 연습, 훈련!	4강-3부
1년차 ~ 3년차	1년차 ~ 3년차 경력 있는 강사들 준비, 학습, 연습, 훈련!	5강
3년차 ~ 5년차	3년차 ~ 5년차 경력 있는 강사들 준비, 학습, 연습, 훈련!	6강
5년차 ~ 10년차 1	5년차 ~ 10년차 이상 경력 있는 강사들 준비, 학습,연습, 훈련!	7강-1부
5년차 ~ 10년차 2	5년차 ~ 10년차 이상 경력 있는 강사들 준비, 학습,연습, 훈련!	8강-2부
5년차 ~ 10년차 3	5년차 ~ 10년차 이상 경력 있는 강사들 준비, 학습,연습, 훈련!	9강-3부
5년차 ~ 10년차 4	5년차 ~ 10년차 이상 경력 있는 강사들 준비, 학습,연습, 훈련!	10강-4부
강의, 강사 트렌드	교육담당자, 청중, 학습자가 원하는 강의 강사 트렌드! 2022년 부터 ~ 2150년 강의, 강사 트렌드!	11강
코칭전문가	코칭전문가 10계명(품위유지의무)	12강

강사코칭전문가1급 커리큘럼

클래스명	내용	1급(온,오)
집중 기법	강의 시작 동기부여 강의 집중 기법	1강
SPOT 기법	아이스브레이킹 기법 (SPOT+메시지기법)	2강
스토리텔링 기법	집중기법+스토리텔링 기법	3강
강사료UP	강사료 올리는 방법! 강사 인성, 매너, 개념, 멘탈 교육	4강
강의트랜드	담당자, 청중, 학습자가 원하는 강의기법 트랜드	5강

삼성이 검증된 100가지 기술력

(진정성, 전문성, 신뢰성)　　www.방탄자기계발사관학교.com

1	방탄 자존감 코칭 기술	13	방탄 강사 코칭 기술	25	방탄 리더십 코칭 기술	37	종이책 쓰기 코칭 기술
2	방탄 자신감 코칭 기술	14	방탄 강의 코칭 기술	26	방탄 인간관계 코칭 기술	38	PDF책 쓰기 코칭 기술
3	방탄 자기관리 코칭 기술	15	파워포인트 코칭 기술	27	방탄 인성 코칭 기술	39	PPT로 책 출간 코칭 기술
4	방탄 자기계발 코칭 기술	16	강사 트레이닝 코칭 기술	28	방탄 사랑 코칭 기술	40	자격증교육 커리큘럼 으로 책 출간 코칭 기술
5	방탄 멘탈 코칭 기술	17	강사 스킬UP 코칭 기술	29	스트레스 해소 코칭 기술	41	자격증교육 커리큘럼으 로 영상 제작 코칭 기술
6	방탄 습관 코칭 기술	18	강사 인성, 멘탈 코칭 기술	30	힐링, 웃음, FUN 코칭 기술	42	책으로 디지털콘텐츠 제작 코칭 기술
7	방탄 긍정 코칭 기술	19	강사 습관 코칭 기술	31	마인드컨트롤 코칭 기술	43	책으로 온라인콘텐츠 제작 코칭 기술
8	방탄 행복 코칭 기술	20	강사 자기계발 코칭 기술	32	사명감 코칭 기술	44	책으로 네이버 인물등록 코칭 기술
9	방탄 동기부여 코칭 기술	21	강사 자기관리 코칭 기술	33	신념, 열정 코칭 기술	45	책으로 강의 교안 제작 코칭 기술
10	방탄 정신교육 코칭 기술	22	강사 양성 코칭 기술	34	팀워크 코칭 기술	46	책으로 민간 자격증 만드는 코칭 기술
11	꿈 코칭 기술	23	강사 양성 과정 코칭 기술	35	협동, 협업 코칭 기술	47	책으로 자격증과정 8시간 제작 코칭 기술
12	목표 코칭 기술	24	퍼스널프랜딩 코칭 기술	36	버킷리스트 코칭 기술	48	책으로 유튜브 콘텐츠 제작 코칭 기술

49	유튜브 시작 코칭 기술	**62**	유튜브 영상 홍보 코칭 기술	**75**	클래스101 영상 입점 코칭 기술	**88**	클래스U 영상 편집 코칭 기술
50	유튜브 자존감 코칭 기술	**63**	홈페이지 무인시스템 연결 제작 코칭 기술	**76**	클래스101 PDF 입점 코칭 기술	**89**	클래스U 이미지 디자인 제작 코칭 기술
51	유튜브 멘탈 코칭 기술	**64**	홈페이지 자동 결제 시스템 제작 코칭 기술	**77**	클래스101 이미지 디자인 제작 코칭 기술	**90**	클래스U 커리큐럼 제작 코칭 기술
52	유튜브 습관 코칭 기술	**65**	홈페이지 비메오 연결 제작 코칭 기술	**78**	클래스101 영상 제작 코칭 기술	**91**	인클 입점 코칭 기술
53	유튜브 목표, 방향 코칭 기술	**66**	홈페이지 렌탈 시스템 제작 코칭기술	**79**	클래스101 영상 편집 코칭 기술	**92**	자신 분야 콘텐츠 제작 코칭 기술
54	유튜브 동기부여 코칭 기술	**67**	홈페이지 디자인 제작 코칭 기술	**80**	탈잉 영상 입점 코칭 기술	**93**	자신 분야 콘텐츠 컨설팅 코칭 기술
55	유튜브가 아닌 나튜브 코칭 기술	**68**	홈페이지 제작 코칭 기술	**81**	탈잉 PDF 입점 코칭 기술	**94**	자기계발코칭전문가 1시간~1년 코칭 기술
56	유튜브 영상 제작 코칭 기술	**69**	재능마켓 크몽 PDF 입점 코칭 기술	**82**	탈잉 이미지 디자인 제작 코칭 기술	**95**	강사코칭전문가 1시간~1년 코칭 기술
57	유튜브 영상 편집 코칭 기술	**70**	재능마켓 크몽 강의 입점 코칭 기술	**83**	탈잉 영상 제작 코칭 기술	**96**	온라인 건물주 되는 코칭 기술
58	유튜브 울렁증 극복 코칭 기술	**71**	재능마켓 크몽 이미지 디자인 제작 코칭 기술	**84**	탈잉 영상 편집 코칭 기술	**97**	강사 1:1 코칭기법 코칭 기술
59	유튜브 썸네일 디자인 제작 코칭 기술	**72**	재능마켓 크몽 입점 영상 제작 코칭 기술	**85**	탈잉 VOD 입점 코칭 기술	**98**	전문 분야 있는 사람 1:1 코칭 기법 코칭 기술
60	유튜브 콘텐츠 제작 코칭 기술	**73**	재능마켓 크몽 입점 영상 편집 코칭 기술	**86**	클래스U 영상 입점 코칭 기술	**99**	CEO, 대표, 리더, 협회장 품위유지의무 코칭 기술
61	유튜브 수입 연결 제작 코칭 기술	**74**	재능마켓 크몽 VOD 입점 코칭 기술	**87**	클래스U 영상 제작 코칭 기술	**100**	은퇴 준비 코칭 기술

세계 최초! 우주 책임감 150년 A/S, 관리, 피드백
최보규 대표 010- 6578-8295

한 분야 전문가로는 힘든 시대! 온라인 건물주!
자신 분야 삼성(진정성, 전문성, 신뢰성)을 높여
제2수입, 제3수입 발생시켜 은퇴 후 30년을 준비하자!

검증된 클래스101 디지털콘텐츠

☰　　　◉ CLASS101　　　🔍

방탄자기계발|　　　❌　　　취소

☰　Creator Center

상품명 검색　　　🔍

	방탄 자기계발! 자기계발 시스템! ● 판매 중 · 원포인트 클래스 · 공개	**1**
	방탄 자존감 스펙 쌓기! 자존감 사용 설명서! ● 판매 중 · 원포인트 클래스 · 공개	**2**
	방탄 사랑 스펙 쌓기! 사랑 사용 설명서! ● 판매 중 · 원포인트 클래스 · 공개	**3**
	습관사용설명서 습관 클래스 ● 판매 중 · 원포인트 클래스 · 공개	**4**

검증된 클래스101 디지털콘텐츠

CLASS101

방탄자기계발 |

❌ 취소

≡ Creator Center

자기계발백과사전
● 판매 중 · 전자책 · 공개

6

방탄자존감! 자존감 사전!
● 판매 중 · 전자책 · 공개

7

방탄자존감! 자존감 사용설명서!
● 판매 중 · 전자책 · 공개

8

강사 백과사전! 강사 사용설명서!
● 판매 중 · 전자책 · 공개

9

행복도 스펙이다! 행복 사용설명서!
● 판매 중 · 전자책 · 공개

10

검증된 크몽 디지털콘텐츠

어떤 전문가를 찾으시나요?

> 🔍 최보규

#395236

온라인 건물주 되는 방법 알려
드립니다.

300,000원

1

#354416

방탄자존감 학습, 연습, 훈련시켜
드립니다.

20,000원

2

#361095

자기계발 학습, 연습, 훈련시켜
드립니다.

30,000원

3

kmong

#294884

행복 사용 설명서로 행복케어
멘탈케어 코칭해 드립니다.

20,000원

4

#339149

인생의 산소 자존감 학습, 연습 ,
훈련시켜 드립니다.

20,000원

5

#324745

방탄습관 사용설명서,
습관백과사전, 습관코칭해 드립...

20,000원

6

#289339

강사의 모든 것 강사 백과사전,
강사 사용설명서를 드립니다.

20,000원

7

최보규

[전자책] **1**

[튜터전자책]방탄자존감
사전1,2 / 134P+106P

자기 관리 · 최보규

20,000원

[전자책] **2**

[튜터전자책]습관백과사전/
방탄습관1=131P ....

인문·교양 · 최보규

20,000원

[전자책] **3**

[튜터전자책]행복공식1=138
P . 행복공식2=145P)

인문·교양 · 최보규

22,000원

■◀ 녹화영상 **4**

당신도 온라인 건물주.
자기계발코칭전문가.영상...

인문·교양 · 최보규

210,000원

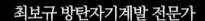

최보규 방탄자기계발 전문가

검증된 클래스U 디지털콘텐츠

자기계발코칭전문가 자격증
13강(자격증 발급), 1:1 코칭 연결

CLASSU   클래스 개설   로그인

무엇을 배우고 싶나요?   🔍

← 최보규   ⊗

클래스 2개   ↑↓ 정확도순

   참 쉽죠! 온라인 건물주!
최보규
월 70,000원   **1**

   방탄사랑! 사랑 사용 설명서!
사랑도 스펙이다!
최보규
월 50,000원   **2**

116

최보규 방탄자기계발 전문가

검증된 인클 디지털콘텐츠

≡ 인클   방탄자기계발 Q &

노력 자기계발이 아닌 방탄자기계발   ▶

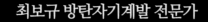

최보규 방탄자기계발 전문가

KYOBO
교보문고

< 최보규

상품

1

[국내도서] 방탄자기계발 사관학
교 II (컬러판) [POD]

15,300원

⬇ 0% Ⓟ 450원

🍀 10

2

[국내도서] 나다운 방탄자존감 명
언I (컬러판) [POD]

15,100원

⬇ 0% Ⓟ 450원

🍀 10

< 최보규

3

[국내도서] 나다운 방탄습관블록
(컬러판) [POD]

26,500원

⬇ 0% ℗ 790원

🍀 10

4

[국내도서] 나다운 방탄 카피 사
전 (컬러판) [POD]

16,900원

⬇ 0% ℗ 500원

🍀 10

5

[국내도서] 행복히어로 (컬러판)
[POD]

23,000원

⬇ 0% ℗ 690원

🍀 10

6

[국내도서] 나다운 방탄멘탈 : 하
루가 멀다하고 내 멘탈을 흔드는
세상속 <나다운 방탄멘탈>로|...

15,120원

⬇ 10% ℗ 840원

🍀 10

< 최보규

7

[국내도서] 나다운 강사 1 : 강사
내비게이션

13,500원

⬇ 10% Ⓟ 750원

🍀 10

8

[국내도서] 방탄자기계발 사관학
교 IV (컬러판) [POD]

13,500원

⬇ 0% Ⓟ 400원

🍀 10

9

[국내도서] 나다운 강사 2 : 강사
사용 설명서

13,500원

⬇ 10% Ⓟ 750원

🍀 10

10

[국내도서] 방탄자기계발 사관학
교 III (컬러판) [POD]

15,400원

⬇ 0% Ⓟ 460원

🍀 10

검증된 교보문고 종이책

< 최보규

11

[국내도서] 나다운 방탄자존감 명
언 II (컬러판) [POD]

15,400원

⬇ 0% ℗ 460원

🍀 10

12

[국내도서] 방탄자기계발 사관학
교I(컬러판) [POD]

16,900원

⬇ 0% ℗ 500원

🍀 10

책을 출간한다고 전문가가 되는 건 아니지만 전문가들은 자신 전문 분야 책이 2~3권이 있다!

검증된 교보문고 eBook

KYOBO eBook

≡ 최보규방탄자기계발전문가 🔍

100%

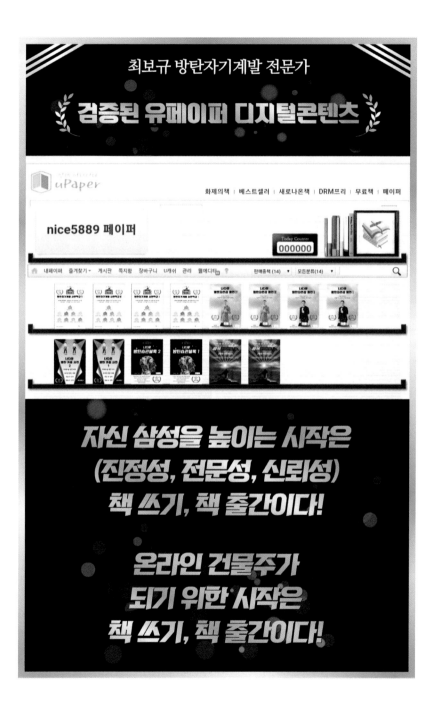

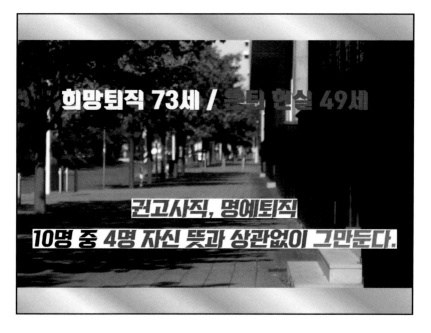

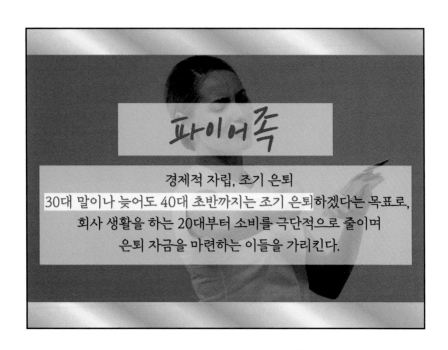

파이어족

경제적 자립, 조기 은퇴
30대 말이나 늦어도 40대 초반까지는 조기 은퇴하겠다는 목표로,
회사 생활을 하는 20대부터 소비를 극단적으로 줄이며
은퇴 자금을 마련하는 이들을 가리킨다.

30세 은퇴를 위해 최OO씨 공무원

28세 퇴사

40세 은퇴를 위해 김00씨 00공기업
35세 퇴사

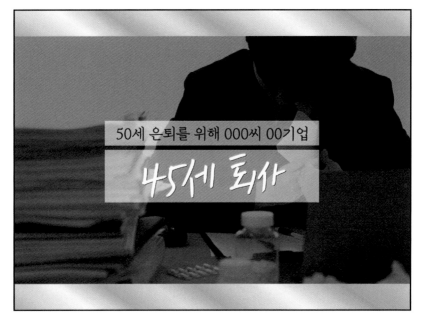

50세 은퇴를 위해 000씨 00기업
45세 퇴사

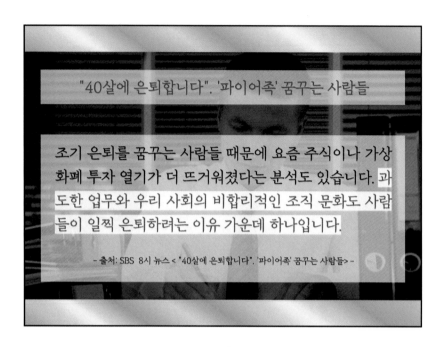

"40살에 은퇴합니다". '파이어족' 꿈꾸는 사람들

조기 은퇴를 꿈꾸는 사람들 때문에 요즘 주식이나 가상 화폐 투자 열기가 더 뜨거워졌다는 분석도 있습니다. 과도한 업무와 우리 사회의 비합리적인 조직 문화도 사람들이 일찍 은퇴하려는 이유 가운데 하나입니다.

- 출처: SBS 8시 뉴스 < "40살에 은퇴합니다". '파이어족' 꿈꾸는 사람들> -

이00씨 00대기업

50세 명예퇴직

희망 퇴직 73세 / 은퇴 현실 49세

55살 ~79살 1500만 명 10년 만에 500만 명이 늘었다.
연금 받는 750만 명
연금을 받더라도 턱없이 부족한 69만 원이다.
1인 가구 최저생계비 116만 원.

- 출처: KBS 뉴스데스크 < 55세~79세 1,500만 명, 은퇴했지만 생활비 벌려고...> -

희망 퇴직 73세 / 은퇴 현실 49세

사람들은 평균 73세까지 일하길 희망했지만, 현실은 거리가 멉니다.
가장 오래 다닌 직장에서 그만둔 나이는 평균 49세.
사업 부진, 휴·폐업, 권고사직이나 명예퇴직 등
10명 중 4명은 자기 뜻과 상관없이 그만뒀습니다.

- 출처: KBS 뉴스데스크 < 55세~79세 1,500만 명, 은퇴했지만 생활비 벌려고...> -

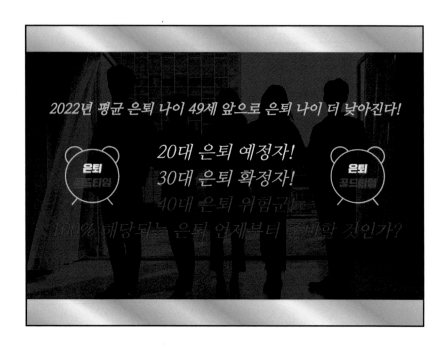

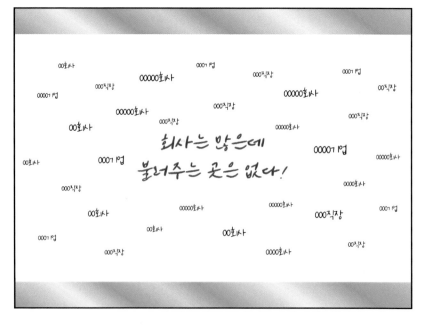

10년, 20년 경력… 인정해 주는 곳은 없고
어떻게 하면 활용, 연결할 수 있을까?

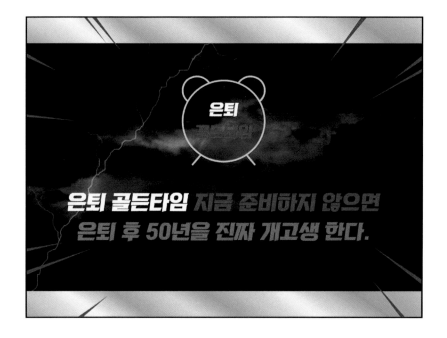

자신 분야를 방탄자기계발과 연결 수입 창출!
은퇴 후 50년 인생 준비!

최고의 타이밍 지금! 최악의 타이밍 내일!
지금 당장 무료 상담받으세요!

100만 프리랜서들의 고민 베스트 3
1. 움직이지 않으면 돈을 벌 수 없는 현실!
2. 고정적인 수입 발생이 어려운 현실!
3. 프리랜서 비수기 평균 5개월인 현실!

자신 분야로
움직이지 않아도, 5개월 비수기 때도
고정적인 월세, 연금처럼 수입이
100년(자녀에게 유산으로 줄 수 있는 수입) 발생하는
시스템을 소개합니다!

집중하세요!

자고 일어나면 통장에 돈이 입금되는 시스템!

누구나 바라는 시스템이지만 아무나 만들 수 없고
만들고 싶어도 몇 천만원이 들어가는 시스템!

최보규원장이 그 마음 알기에 함께 잘 먹고 잘 살기 위해
지금 현실, 앞으로 힘든 시기를 극복하는 터닝포인트 기회를 드립니다!

조물주 위에 건물주
다음 생에도 힘든 온라인 건물주가 되세요.

방탄자기계발 컨트롤타워에서
온라인 타워팰리스 분양받으세요!

분양 받기 어렵겠지?

비용이 많이 들겠지?

NOPE

NOPE

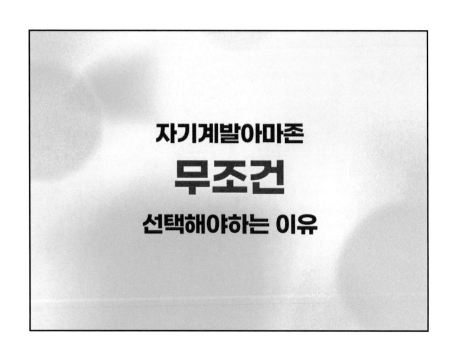

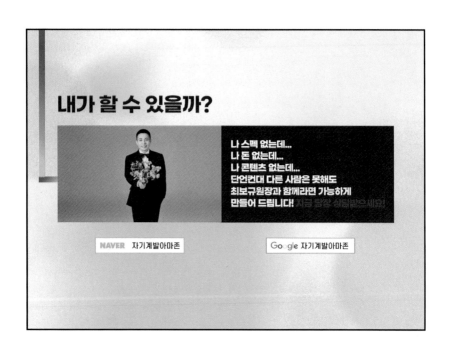

프리랜서 힘들죠? 지치죠?
전문 분야를 만들어 제대로 인정 받고 싶죠?
전국 돌아다니다 보니 몸이 성한 곳이 없죠?
나이가 많아서 불러 주는 사람이 점점 줄어 들고
자신 분야 프리랜서 직업의 미래가 불안하시죠?

100만 명 프리랜서 들의 걱정, 고민 들
세계 최초 자기계발 쇼핑몰을 창시한
최보규 원장이 그 마음들 알기에 함께 잘 살기 위한 시스템인
자기계발아마존에서 극복할 수 있습니다.

자기계발 아마존! 홈페이지 통합!
(자동 결제 홈페이지 렌탈 서비스!)

언제까지 몸으로만 일 할 것인가?

홈페이지가 일하게 하자! 콘텐츠가 일하게 하자!
자동화시스템이 일하게 하자! 자기계발 아마존 초이스!

NAVER 방탄자기계발사관학교	▶ YouTube 방탄자기계발	Google 자기계발아마존	NAVER 최보규

9가지 비교항목	A사 (플렛폼)	B사 (플렛폼)	C사 (플렛폼)	자기계발 아마존
홈페이지 초기 제작 비용 / 매달 비용	무료 매달 3 ~ 10만 원	100 ~ 200만 원 매달 3 ~ 10만 원	200 ~ 300만 원 매달 3 ~ 10만 원	무료 매달 5만 원
홈페이지 운영, 관리	전문가비용 100 ~ 200만 원	전문가비용 100 ~ 200만 원	전문가 비용 100 ~ 200만 원	무료
자동 / 무인 결제시스템	X (시스템 없음)	제작비용 100 ~ 200만 원	제작 비용 100 ~ 200만 원	무료
디지털 콘텐츠 제작 촬영, 편집, 상세디자인	X (시스템 없음)	제작 비용 100 ~ 200만 원	제작 비용 200 ~ 300만 원	무료
디지털 콘텐츠 운영 비용 (매달 비용)	X (시스템 없음)	매달 3 ~ 10만 원	매달 3 ~ 10만 원	매달 5만 원
협업을 통한 회원 모집, 교류 시스템	X (시스템 없음)	X (시스템 없음)	X (시스템 없음)	홈페이지 통합 시스템으로 협업으로회원을 모집, 교류, 공유
콘텐츠 개발, 연결 (제2, 제3, 제4 수입 창출)	X (시스템 없음)	X (시스템 없음)	제작 비용 500 ~ 1,000만 원	무료 컨설팅 (기획, 제작) 콘텐츠에 따라 비용 발생
A/S, 관리, 피드백	1년 ~ 2년	1년 ~ 2년	1년 ~ 2년	150년 무료
총 비용	초기 비용 100 ~ 200만 원 매달 비용 3 ~ 10만 원	초기 비용 500 ~ 1,000만 원 매달 비용 5 ~ 20만 원	초기 비용 1,000 ~ 2,000만 원 매달 비용 5 ~ 20만 원	초기 비용 무료 매달 비용 5 ~ 10만 원

1. 자기계발 아마존! 홈페이지 렌탈서비스는 차별화가 아닌 초월이다!

1. 초월 항목	A사 (플렛폼)	B사 (플렛폼)	C사 (플렛폼)	자기계발 아마존
홈페이지 초기 제작 비용 매달 비용 (서버 비용)	무료 매달 3 ~ 10만 원	100 ~ 200만 원 매달 3 ~ 10만 원	200 ~ 300만 원 매달 3 ~ 10만 원	무료 매달 5만 원

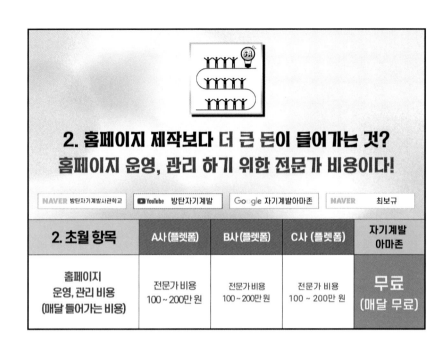

2. 홈페이지 제작보다 더 큰 돈이 들어가는 것?
홈페이지 운영, 관리 하기 위한 전문가 비용이다!

NAVER 방탄자기계발사관학교 ｜ ▶YouTube 방탄자기계발 ｜ Google 자기계발아마존 ｜ NAVER 최보규

2. 초월 항목	A사 (플렛폼)	B사 (플렛폼)	C사 (플렛폼)	자기계발 아마존
홈페이지 운영, 관리 비용 (매달 들어가는 비용)	전문가 비용 100~200만 원	전문가비용 100~200만 원	전문가 비용 100~200만 원	무료 (매달 무료)

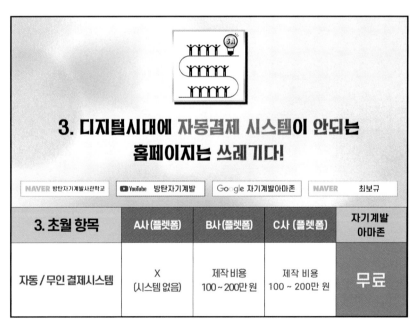

3. 디지털시대에 자동결제 시스템이 안되는
홈페이지는 쓰레기다!

NAVER 방탄자기계발사관학교 ｜ ▶YouTube 방탄자기계발 ｜ Google 자기계발아마존 ｜ NAVER 최보규

3. 초월 항목	A사 (플렛폼)	B사 (플렛폼)	C사 (플렛폼)	자기계발 아마존
자동 / 무인 결제시스템	X (시스템 없음)	제작 비용 100~200만 원	제작 비용 100 ~ 200만 원	무료

4. 디지털시대 자신 분야 촬영, 편집, 디자인 스펙은 이제 선택이 아닌 필수다!

NAVER 방탄자기계발사관학교　▶YouTube 방탄자기계발　Google 자기계발아마존　NAVER 최보규

4. 초월 항목	A사 (플렛폼)	B사 (플렛폼)	C사 (플렛폼)	자기계발 아마존
디지털 콘텐츠 제작 촬영, 편집, 상세디자인	X (시스템 없음)	제작 비용 100~200만 원	제작 비용 200~200만 원	무료

5. 디지털트렌드는 매달 결제로 이루어지는 정액제, 시스템 사용료가 발생한다! (어도비, 포토샵, 넥플릭스, 카카오 이모티콘 플러스, 디즈니플러스....)

NAVER 방탄자기계발사관학교　▶YouTube 방탄자기계발　Google 자기계발아마존　NAVER 최보규

5. 초월 항목	A사 (플렛폼)	B사 (플렛폼)	C사 (플렛폼)	자기계발 아마존
디지털 콘텐츠 운영, 사용 비용 (매달 비용 발생)	X (시스템 없음)	매달 3~10만 원	매달 3~10만 원	매달 5만 원

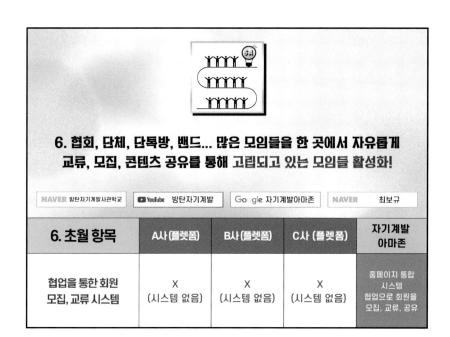

6. 협회, 단체, 단톡방, 밴드... 많은 모임들을 한 곳에서 자유롭게 교류, 모집, 콘텐츠 공유를 통해 고립되고 있는 모임들 활성화!

6. 초월 항목	A사 (플렛폼)	B사 (플렛폼)	C사 (플렛폼)	자기계발 아마존
협업을 통한 회원 모집, 교류 시스템	X (시스템 없음)	X (시스템 없음)	X (시스템 없음)	홈페이지 통합 시스템 협업으로 회원을 모집, 교류, 공유

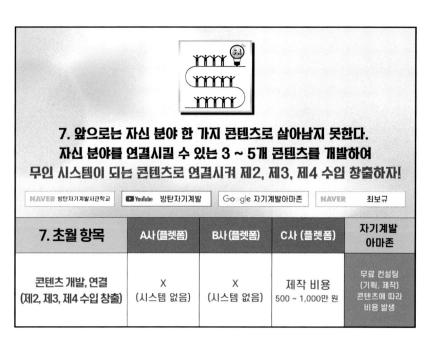

7. 앞으로는 자신 분야 한 가지 콘텐츠로 살아남지 못한다. 자신 분야를 연결시킬 수 있는 3 ~ 5개 콘텐츠를 개발하여 무인 시스템이 되는 콘텐츠로 연결시켜 제2, 제3, 제4 수입 창출하자!

7. 초월 항목	A사 (플렛폼)	B사 (플렛폼)	C사 (플렛폼)	자기계발 아마존
콘텐츠 개발, 연결 (제2, 제3, 제4 수입 창출)	X (시스템 없음)	X (시스템 없음)	제작 비용 500 ~ 1,000만 원	무료 컨설팅 (기획, 제작) 콘텐츠에 따라 비용 발생

8. 114처럼 언제든지 물어볼 수 있는
삼성(진정성, 전문성, 신뢰성)이 검증된 전문가가
150년 함께 한다면 자신 분야에서 인정, 변화, 성장할 것이다!

NAVER 방탄자기계발사관학교　　▶YouTube 방탄자기계발　　Google 자기계발아마존　　NAVER　최보규

8. 초월 항목	A사 (플렛폼)	B사 (플렛폼)	C사 (플렛폼)	자기계발 아마존
A/S, 관리, 피드백	1년 ~ 2년	1년 ~ 2년	1년 ~ 2년	150년 무료

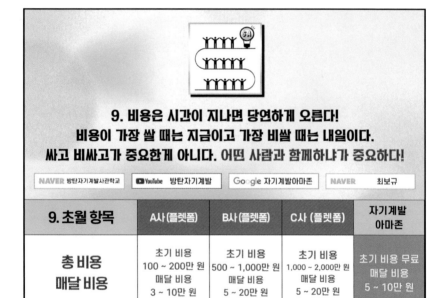

9. 비용은 시간이 지나면 당연하게 오른다!
비용이 가장 쌀 때는 지금이고 가장 비쌀 때는 내일이다.
싸고 비싸고가 중요한게 아니다. 어떤 사람과 함께하냐가 중요하다!

NAVER 방탄자기계발사관학교　　▶YouTube 방탄자기계발　　Google 자기계발아마존　　NAVER　최보규

9. 초월 항목	A사 (플렛폼)	B사 (플렛폼)	C사 (플렛폼)	자기계발 아마존
총 비용 매달 비용	초기 비용 100 ~ 200만 원 매달 비용 3 ~ 10만 원	초기 비용 500 ~ 1,000만 원 매달 비용 5 ~ 20만 원	초기 비용 1,000 ~ 2,000만 원 매달 비용 5 ~ 20만 원	초기 비용 무료 매달 비용 5 ~ 10만 원

디지털 플렛폼	디지털 콘텐츠 수입 발생 (무인 시스템)	100년 월세, 연금 발생
자기계발아마존 1층 ~ 3층	온라인 건물주 되는 자격증 교육! 온라인 자기계발코칭전문가2급 자존감, 멘탈, 습관, 행복, 사랑, 웃음, 강사, 책쓰기, 유튜버 9개 분야 코칭	자격증, 재교육, 강사섭외, 코칭 종이책, 전자책 수입 발생
클래스유 4층	자신 분야 삼성(진정성, 전문성, 신뢰성)을 높여 제2수입, 3수입 올리는 방탄자기계발	영상, 자격증, 강사섭외, 코칭 종이책, 전자책 수입 발생
클래스101 5층 ~ 15층	강사 분야, 사랑 분야, 습관 분야, 자존감 분야, 행복 분야, 자기계발 분야 영상 원포인트 클래스 / 전자책	영상, 강사섭외, 코칭 종이책, 전자책 수입 발생
크몽 16층 ~ 22층	강사 분야, 사랑 분야, 습관 분야, 자존감 분야, 행복 분야, 자기계발 분야 영상 / 코칭 / 전자책	영상, 자격증, 강사섭외, 코칭 종이책, 전자책 수입 발생
탈잉 23층 ~ 25층	자존감 분야, 습관 분야, 행복 분야 / 전자책	강사섭외, 코칭 종이책, 전자책 수입 발생
인클 26층	4차 산업시대는 4차 자기계발인 방탄자기계발	영상, 자격증, 강사섭외, 코칭 종이책, 전자책 수입 발생
디지털 서점 27층 ~ 50층	출간한 12권 자기계발서 종이책, 전자책	검증된 전문가 강사료 10배 상승

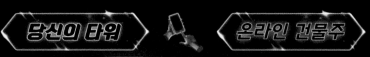

자신 분야 디지털콘텐츠 제작으로
100년 월세, 연금 받자!

자신 분야 책을 출간해서 전문가 될 수 있나요?

자기계발 책 12권 출간해서 50개 디지털콘텐츠로
제작한 노하우를 전수해 드립니다.

출간한 책이 있는데 디지털콘텐츠 만들 수 있나요?

자기계발 책 12권 출간해서 50개 디지털콘텐츠로
제작한 노하우를 전수해 드립니다.

**책 쓰기만, 책 출간만 하는 것이 아닌
디지털콘텐츠 제작, 홍보 영상 제작, 책으로 강의 교안 작업
모두 할 수 있는 책 출간 가능한가요?**

책 쓰기, 책 출간만 하고 끝나는 것 이 아닌
책으로 할 수 있는 모든 것을 책 쓰기 시작할 때 함께 합니다!
그래서 몇 천 들어가는 비용을 10배 줄여 줍니다.

자신 분야 디지털콘텐츠 제작으로
100년 월세, 연금 받자!

출간한 책으로 강사직업을 할 수 있나요?

책을 출간하면 작가라는 타이틀이 생기고 출간한
책을 교안으로 만들어서 강사 직업까지 할 수 있습니다.
강사 직업 시작 ~ 100년 차 까지 년차별 준비!

강사 직업을 배울 수 있나요? 강사료를 올리고 싶어요?

대한민국 최초 강사 백과사전, 강사 사용설명서를
창시한 검증된 강사 양성 전문가가 강사 직업
시작 ~ 100년 차까지 연차별 트레이닝 시켜 줍니다.

디지털 시대에 가장 중요한 3가지 스펙! 배울 수 있나요?

자기계발 책 12권 출간해서 50개 디지털콘텐츠로
제작한 노하우를 전수해 드립니다.

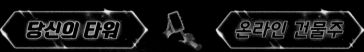

자신 분야 디지털콘텐츠 제작으로
100년 월세, 연금 받자!

등록한 민간자격증으로 디지털콘텐츠 만들 수 있나요?

한번 제작한 영상으로 평생 수입을
낼 수 있는 디지털콘텐츠 제작할 수 있습니다.

등록한 민간자격증으로 책을 출간할 수 있나요?

자격증 교육 과정 커리큘럼이 있다면
책 출간 80%는 끝났습니다.

강의 분야로 PPT교안으로 책을 출간할 수 있나요?

PPT교안이 있다면
책 출간 80%는 끝났습니다.

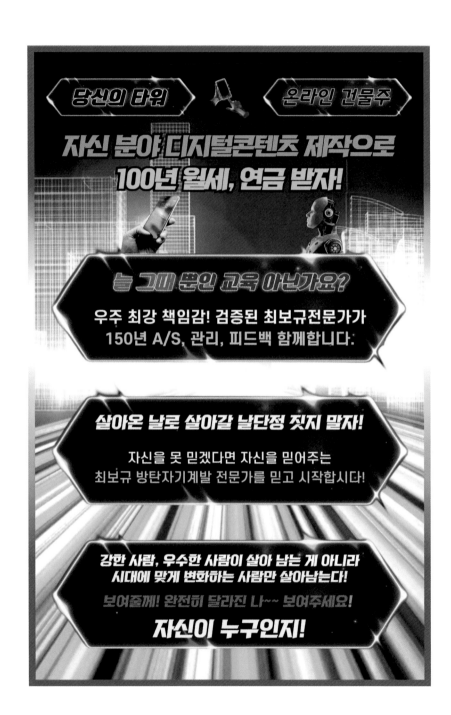

자격증 수입 발생 8단계 시스템

VS

일반 자격증(99,99%) vs 방탄자기계발사관학교

일반 자격증(99,99%)	수입 창출 8단계 시스템	방탄자기계발사관학교
10,000개 기관 (등록된 민간 자격증)	수입 창출 8단계 시스템	방탄자기계발사관학교 (등록된 민간 자격증)
오프라인 교육 외 수입 발생 없음	오프라인 수입	오프라인 교육과 디지털, 온라인 콘텐츠 연결 수입 발생
기관대 기관 자격증 교류 극 소수	타기관 자격증 과 협업 수입	기관 대 기관 전문 분야 자격증 과정 교류를 통한 수입 발생
없음 (X) / 비수기 있음	무인 재교육 수입 월세, 연금성 수입	자기계발아마존 무인시스템 비수기가 없음 (사무실, 직원 없음)
없음 (X)	디지털 콘텐츠 월세, 연금성 수입	자격증 과정 영상 제작으로 재능마켓 판매 (클래스101, 클래스유, 크몽, 탈잉, 자기계발 아마존, 오투잡, 인클....)
없음) (X)	온라인 콘텐츠 수입	자기계발 아마존 온라인 시스템 제작한 영상으로 온라인 수입 발생
없음 (X)	자격증 1:1 코칭 수입	코칭전문가 커리큘럼을 통한 특별, 심화, 1:1 코칭 수입 발생
없음 (X)	자격증 책 출간(인세)	자격증 커리큘럼으로 종이책, pdf 책 출간 평생 인세 발생
없음 (X)	홍보, 몸값 상승	재능마켓에서 자동 홍보, 책 출간으로 전문 분야 인정 강사료 상승

ㅇㅅㅇㄱㅁ

ㅈㅈㄱㄱㅁ

인 생은게임
자 존 감 게 임

게임을 시작합니다!

160

자존감 게임은

하루가 멀다 하고 자신 행복을 위협하는
세상, 현실, 사람들로부터
나다운 행복을 지키기 위한 자존감 게임입니다!

인생은 게임이다! 세상, 현실, 또라이분들에게
지지(당하지) 않기 위한 12 스펙은 필수!

인생은 게임이다! 세상, 현실, 또라이분들에게 지지(당하지) 않기 위한 12 스펙은 필수!

인생은 게임이다! 자존감 게임!

첫 번째 게임 : 방탄자존감1

NAVER 방탄카피사전

상처 케어

아픈 만큼 성숙해진다? 아프면 환자다!
아픈 것을 극복할 때 성숙해진다.
4차 산업시대에 맞는 4차 힐링, 위로, 격려
4차 자존감은 방탄자존감

인생은 게임이다! 자존감 게임!

두 번째 게임 : 방탄자존감2

NAVER 방탄자존감명언

자존감케어

4차 산업시대에 맞는
4차 자존감인 방탄자존감으로 업데이트
방탄자존감은 선택이 아닌 필수!

인생은 게임이다! 세상, 현실, 또라이분들에게 지지(당하지) 않기 위한 12 스펙은 필수!

03

인생은 게임이다! 자존감 게임!

첫 번째 게임 : 방탄자존감3

NAVER 방탄자존감명언

자존감케어

방탄자존감은 행복, 사랑, 돈, 인간관계, 인생, 꿈 등
이루고 싶은 것을 마법처럼 바꿔준다.
방탄자존감에 답이 있다!

04

인생은 게임이다! 자존감 게임!

네 번째 게임 : 방탄멘탈

NAVER 방탄멘탈

멘탈 케어

4차 산업시대에 맞는 4차 멘탈로 업데이트!
4차 산업시대에 생기는
우울, 스트레스는 4차 멘탈 업데이트로
치유가 아닌 치료, 극복할 수 있다.

인생은 게임이다! 세상, 현실, 또라이분들에게 지지(당하지) 않기 위한 12 스펙은 필수!

05

인생은 게임이다! 자존감 게임!

다섯 번째 게임 : 방탄습관

NAVER 방탄습관블록

습관 케어

당신이 그토록 찾고 있던 습관 공식!
습관도 레고 블록처럼 쉽고, 즐겁게 쌓자!
물리학계의 천재 아인슈타인
습관계 천재 습관 아인슈타인 최보규

06

인생은 게임이다! 자존감 게임!

여섯 번째 게임 : 방탄행복

NAVER 행복히어로

행복 케어

20,000명을 상담하면서 알게 된 사실!
당신이 행복하지 않는 이유 단언컨대
행복 학습, 연습, 훈련을 하지 않아서다.
행복도 스펙이다!

인생은 게임이다! 세상, 현실, 또라이분들에게
지지(당하지) 않기 위한 12 스펙은 필수!

07

인생은 게임이다! 자존감 게임!

일곱 번째 게임 : 방탄자기계발1

공군사관학교, 해군사관학교, 육군사관학교는 체계적인 시스템 속에서 군인정신 학습, 연습, 훈련을 통해 정예장교(군 리더, 군사 전문가)를 육성하는 학교라면 방탄자기계발 사관학교는 체계적인 시스템 속에서 나다운 자기계발 학습, 연습, 훈련을 통해 배움, 변화, 성장으로 끝나는 것이 아닌 자신 분야 삼성(진정성, 전문성, 신뢰성)을 올리고 자신 분야를 온, 온프라인 무인 시스템과 연결시켜 비수기 없는 지속적인 수입을 올릴 수 있는 시스템을 함께 만들어가는 학교

08

인생은 게임이다! 자존감 게임!

여덟 번째 게임 : 방탄자기계발2

자기계발 케어

세상의 자기계발 못하는 사람은 없다.
다만 자기계발 잘하는 방법을 모를 뿐이다.
4차 산업시대에 맞는 4차 자기계발은
방탄자기계발

인생은 게임이다! 자존감 게임!

아홉 번째 게임 : 방탄자기계발3

자기계발 케어

노오력 자기계발이 아닌
올바른 노력을 통한
자생능력(스스로 할 수 있는 능력)을 향상시켜
나다운 인생, 나다운 행복을 만들 수 있다.

인생은 게임이다! 자존감 게임!

열 번째 게임 : 방탄자기계발4

자기계발 케어

자기계발도 시스템 안에서 해야지 자생능력이 생겨 오래
지속된다. 이제는 자기계발도 즐겁게, 쉽게, 함께
자기계발 사관학교에서 코칭 받고 150년 관리받자.

인생은 게임이다! 세상, 현실, 또라이분들에게 지지(당하지) 않기 위한 12 스펙은 필수!

11

인생은 게임이다! 자존감 게임!

열한 번째 게임 : 방탄강사

NAVER 나다운강사1

방탄강사 케어

강사는 누구나 한다!
나다운 강사는 누구도 될 수 없다.
나다운 강사만
강사 직업을 100년 한다!

12

인생은 게임이다! 자존감 게임!

열두 번째 게임 : 방탄강의

NAVER 나다운강사2

방탄강의 케어

세상의 강의 못하는 사람은 없다.
다만 강의 잘하는
방법을 모를 뿐이다.
2021 ~ 2150년 강의 트렌드

○△□
인생은게임
자존감게임

하루가 멀다 하고 자신 행복을 위협하는

세상, 현실, 사람들로부터

나다운 행복을 지키기 위한 게임입니다!

게임을 시작하고 싶다면 상담받으세요!

오징어 게임은 탈락이 있지만 자존감 게임은 탈락이 없습니다!

시작하면 150년 a/s, 관리, 피드백 **(150년 깐부)**

우주 최고 책임감으로 자기계발 주치의가 되어 드립니다.

Thank-you

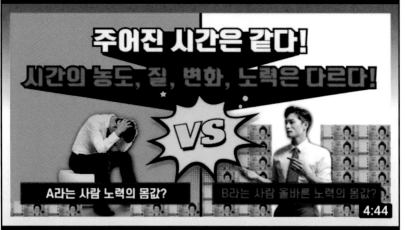

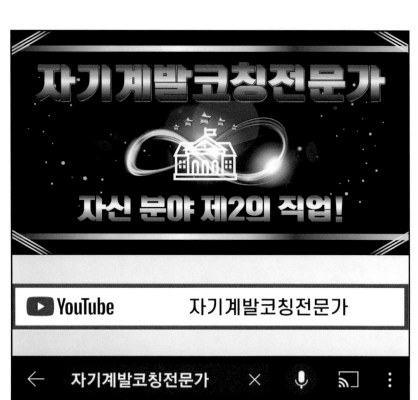

자기계발코칭전문가/경력은 스펙이 아니다! 4차
산업 시대 자신 분야 전문가 되기 위한 3가지 스펙?

173

▶ YouTube　　　부부13계명창시자

← 부부13계명창시자　　　　✕　🎤　🔳　⋮

방탄사랑

결혼식 하루에 집착하지 말고
결혼 생활 100년에 집중하자!

2:14

부부13계명 창시자 결혼식 하루 결혼 생활 100년　⋮
방탄자기계발최보규

지금 인생, 내 분야, 변화하고 싶은데?
계기를 만들고 싶은데?
지금 이대로는 안되겠다고 생각만 하시죠?

지금처럼 살면 안 되는데...
지금부터 살아야 되는데...
때를 기다리면 안 되는데...
때를 만들어 가고 싶은데...

당신의 **자기계발 습관**은
어떤가요?

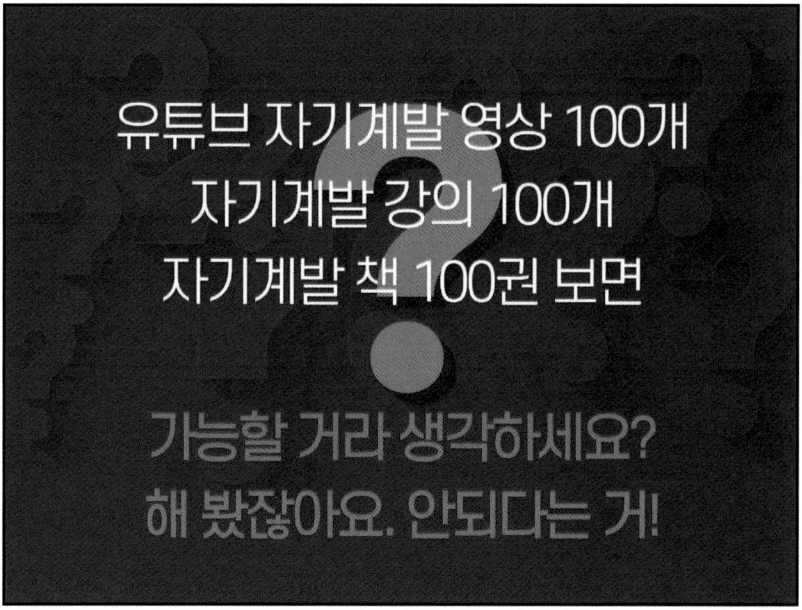

유튜브 자기계발 영상 100개
자기계발 강의 100개
자기계발 책 100권 보면

가능할 거라 생각하세요?
해 봤잖아요. 안되다는 거!

인생을 바꾸는 **방·탄·자·기·계·발·습·관**

기초부터 ──────────────────────

자생능력: 스스로 할 수 있는 능력   **자생능력**이
생길 때까지

학습·연습·훈련

방탄자기계발

1:1 코칭
한번 코칭, 회원제로
무한반복 학습·연습·훈련
세계 최초 150년 a/s, 피드백, 관리 시스템!

빠른 상담, 선택이 곧 변화, 성장, 실력 차이!

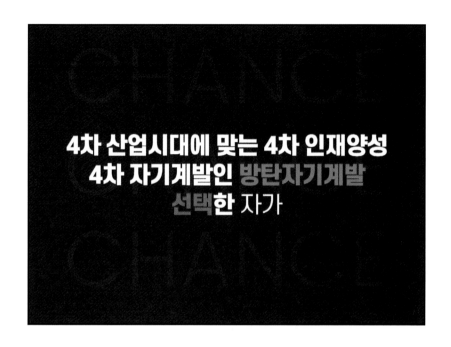

4차 산업시대에 맞는 4차 인재양성
4차 자기계발인 방탄자기계발
선택한 자가

기회를 잡고
변화, 성장 한다!

나다운 인생으로 바꾸는
방탄자기계발 습관으로
바꾸고
싶다면

자기계발아마존에서 방탄자기계발
영상시청, 1:1 코칭이 답이다!

차별화가 아닌 초월 방탄자기계발 학습, 연습, 훈련

우주 최강 책임감!
'세계 최초' 150년 a/s, 피드백, 관리 시스템
인스턴트 인연이 아닌 손 뻗으면 닿는
몸, 머리, 마음 케어를 해주는 주치의가 되어 드립니다.

강한 사람, 우수한 사람이 살아남는 게 아니다.
시대에 맞게 변화하는 사람만 살아남는다.

강한 사람, 우수한 사람이 살아남는 게 아니다.
시대에 맞게 변화하는 사람만 살아남는다.

때를 기다리는 사람
때를 만들어 가는 사람
당신 인생의 **주인공**은

바로

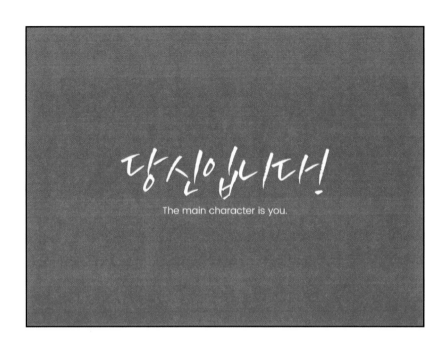

살아온 날로 살아갈 날 단정 짓지 말자!

비교해라?
어제의 나와 끊임없이 비교해라

[어제의 나와 비:교]

비교는 사람의 자연스러운 심리다.
부정의 비교보다는 긍정의 비교로 어제보다 0.1% 학습, 연습, 훈련으로
어제보다 나은 사람이 된다.

출처: 방탄자기계발사전

SNS 시대 끊임없는 부정의 비교로
상대적 불행, 상대적 불만, 상대적 우울감……

그래도 나는 괜찮은 사람인데....
잘하는 건 없지만 못하는 것도 없다는 태도로 사는데...

SNS 속 쇼윈도 행복을 보고
비교하는 나를 보면 자신, 내 분야 자존감, 자신감이 낮아진다...

그래서, 스스로 이런 말들을 되뇌인다

나도 저 사람만큼
열심히 하고 싶은데...

왜 저 사람만큼 못하는지
열등감, 자격지심이 올라온다...

난 행복할 수 있을까?
내 분야에서 잘 할 수 있을까?
이생마!
이번 생은 망했나?

그렇지 않습니다!

**100년을 살아도
오늘은 누구나 처음
내일은 그 누구도 모릅니다!**

살아온 날로
살아갈 날 단정 짓지 말자!

누구든지 처음부터

잘하는 사람은

없습니다

우리는 각자 자기만의

속도가(나다움) 있습니다

결승점에 빠르게 혹은

느리게 도착할 수도 있습니다

타인과 자신을

비교하지 않고

어제의 나와 비교하자

노력이 **배신하는 시대**

노오력이 아닌

올바른 노력으로

자기만의 **속도로**

천천히 그리고

꾸 준 히

나아가다 보면 원하는 지점에 도착할 수 있습니다!

토닥! 토닥!
힘내세요!
다시 해 봅시다!

잘하지 않아도 괜찮아!
부족하니까 사랑스럽지!
지금 잘하고 있는 거 알죠!

Google　자기계발아마존 🔍

자기계발아마존이 함께 하겠습니다!
150년 A/S, 피드백, 관리 시스템

출처, 참고서적

방탄자기계발 소개

『확신』 롭 무어, 다산북스, 2021

2장 방탄멘탈

<微新>

『나다운 방탄멘탈』 베프북스, 최보규, 2020

자기계발코칭전문가 2

발 행 | 2022년 09월 07일

저 자 | 최보규

펴낸이 | 한건희

펴낸곳 | 주식회사 부크크

출판사등록 | 2014.07.15.(제2014-16호)

주 소 | 서울특별시 금천구 가산디지털1로 119 SK트윈타워 A동 305호

전 화 | 1670-8316

이메일 | info@bookk.co.kr

ISBN | 979-11-372-9434-9